Manuel des Comités de Règlement des Différends

Guide des bonnes pratiques et des procédures

The Dispute Resolution Board Foundation

DRBF

Fostering Common Sense Dispute Resolution Worldwide

Manuel des Comités de Règlement des Différends
Guide des bonnes pratiques et des procédures

Copyright © 2024 by the Dispute Resolution Board Foundation. All rights reserved. No part of this book may be used or reproduced in any manner whatsoever without written permission from the author, except in the case of brief quotations embodied in critical articles or reviews. For permissions requests, please contact the DRBF at email info@drb.org.

Designed, produced, and published by SPARK Publications
SPARKpublications.com
Charlotte, North Carolina, USA

Cover: digital imaging by SPARK Publications and
andandrey_l/Shutterstock.com

Softcover, August 2024, ISBN: 978-1-953555-75-5

Library of Congress Control Number: 2024917030

Table des Matières

Remerciements

Ce guide des pratiques et procédures de prévention et de règlement des différends a été compilé et révisé par un groupe dédié de dirigeants et de soutiens de la Dispute Resolution Board Foundation (DRBF).

Ils ont donné de leur temps, de leur enthousiasme et de leur connaissance en leur qualité de spécialistes pour faire de ce manuel un guide complet des bonnes pratiques actuelles, des leçons apprises et des tendances dans l'utilisation des Comités de Règlement des Différends dans le monde. La DRBF est reconnaissante pour leurs contributions ainsi que pour les conseils et la contribution de la direction de la DRBF.

Rédacteurs en chef
Graham Easton
Ann Russo

Principaux Relecteurs/Contributeurs
Kurt Dettman
Steven Goldstein
Lindy Patterson
James Perry

Contributeurs: Romano Allione, Adrian Bastianelli, Warren Bullock, William Edgerton, Ronald Finlay, Ferdinand Fourie, Jeremy Glover, Nicholas Gould, Andrew Griffiths, Leo Grutters, Wilburt Hinton II, Douglas Holen, Gordon Jaynes, Harold McKittrick, Christopher Miers, Thomas Peterson, James Phillips, Marcela Radovic, Robert Rubin, Geoff Smith, Robert Smith and Barry Tozer.

Assistance Editoriale
Nichole Thompson
Susan Shackelford
SPARK Publications

Remerciements particuliers aux Départements du Transport de Californie, du Colorado et de l'Etat de Washington pour avoir fourni des détails sur la structure de leurs tarifs et de leurs taux pour les membres des Comités de Règlement des Différends.

Remerciements pour la traduction en français à François Muller et Guillaume Sauvaget.

La DRBF remercie également les auteurs de l'original *Dispute Review Board Manual*, A.A. Mathews, R.M. Matyas, R.J. Smith and P.E. Sperry, publié en 1996 ; and les auteurs du Manuel de la DRBFl, *Practices and Procedures*, W.B. Baker, P.M. Douglass, W.W. Edgerton, and P.E. Sperry, publié en 2007. Ces deux publications sont le fondement sur lequel ce manuel 2019 a été construit.

Préface

La Dispute Resolution Board Foundation (DRBF) a rédigé ce manuel pour fournir une explication faisant autorité du processus de Comité de Règlement des Différends (CRD) et pour servir de guide de référence aux utilisateurs du processus à travers le monde.

Le guide aborde les principes fondamentaux des CRD qui fonctionnent avec succès et leur rôle important à la fois pour prévenir et pour résoudre les différends entre les parties contractantes sur des projets importants et complexes.

Comme le processus de CRD s'est développé depuis le milieu des années 1970, différents termes sont apparus pour s'adapter à des variantes particulières. Ces variantes partagent la même structure et le même objectif fondamental: *encourager la prévention des différends et aider à une résolution rapide et économique des différends pendant la durée d'un projet.*

Ce manuel utilise le terme «Comité de Règlement de Différends» ou son abréviation «CRD» pour faire référence à toutes les variantes du processus, sauf lorsque le contexte ou des raisons didactiques imposent l'emploi d'autres termes.

Aux États-Unis et au Canada, les termes les plus courants sont «Dispute Review Board» ou «Dispute Resolution Board». En Australie, il existe une préférence pour le terme «Dispute Avoidance Board». Pour les projets utilisant des modèles de contrat FIDIC ou des règles institutionnelles, les termes les plus courants sont «Dispute Adjudication Board» ou «Dispute Prevention and Adjudication Board». Ce manuel traite des différences notables dans les procédures selon ces variantes.

Compte tenu de l'utilisation répandue du processus de CRD, des problèmes de terminologie supplémentaires apparaissent en fonction de la langue locale, de la terminologie utilisée dans l'industrie, des procédures de passation des marchés et des différences culturelles. L'utilisateur se reportera au glossaire de ce manuel pour plus de détails.

Ce guide met à jour le manuel précédent de la DRBF et explique les pratiques et procédures qui ont évolué dans la mise en place des CRD. Une attention particulière est accordée aux bonnes pratiques recommandées, ainsi qu'aux mises en garde concernant les modifications du processus qui peuvent être acceptables uniquement dans certaines circonstances, ou qui ne sont pas recommandées.

Les premières publications fournissant des conseils sur les CRD ont été publiées en 1989 et 1991 par l'American Society of Civil Engineers. En 1996, McGraw-Hill a publié le «Construction Dispute Review Board Manual», rédigé par les fondateurs de la DRBF. La DRBF a publié son premier «Manuel des pratiques et procédures» en 2004 et l'a mis à jour en 2007.

Ressources Disponibles

La DRBF conserve des copies de modèles de contrats illustrant les bonnes pratiques ainsi que d'autres modèles utilisés dans la pratique des Comités de Règlement des Différends sur le site Web de la DRBF, www.drb.org. Il existe également une bibliothèque d'articles et de documents de conférence, un répertoire de curriculum vitae des membres et d'autres ressources. Pour plus d'informations, contactez la DRBF par courriel à info@drb.org ou par téléphone au +1 980-265-2367.

1

Le Contexte des Comités de Règlement des Différends

Chapitre 1
Une Brève Histoire des Comités de Règlement des Différends

Les Comités de Règlement des Différends ont été conçus dans le secteur de la construction. Traditionnellement, le secteur de la construction résolvait les différends contractuels liés aux projets en utilisant des méthodes allant du contentieux judiciaire aux modes alternatifs de règlement des litiges tels que l'arbitrage, la médiation et l'adjudication. Le développement le plus récent et réussi est l'introduction des Comités de Règlement des Différends (CRD) dans le processus de gestion des contrats et des différends.

Dans les années 1950 aux États-Unis, la concurrence pour les marchés publics de construction s'est intensifiée et les entrepreneurs ont été contraints d'accepter des marges plus faibles. En outre, les projets de construction sont devenus plus importants et plus complexes avec de nombreuses parties exécutant différents aspects des travaux.

Le processus de construction était également alourdi de demandes non techniques telles que la réglementation environnementale, les exigences gouvernementales et socio-économiques et les pressions des groupes d'intérêt public. De plus, les procédures internes et les obstacles légaux ou réglementaires limitaient la capacité des maitres de l'ouvrage publics et des maitres de l'ouvrage privés à régler les litiges.

Ces facteurs, associés à l'instabilité financière de nombreux entrepreneurs du fait de leurs marges réduites, ont obligé les parties contractantes à rechercher tous les moyens disponibles pour protéger leur position commerciale. Un nombre croissant d'avocats et de consultants s'est montré prêt à les aider.

Au fur et à mesure que la tendance à résoudre les litiges par le contentieux augmentait et que les relations devenaient plus conflictuelles, l'industrie de la construction cherchait des solutions plus pratiques et économiques.

L'arbitrage est devenu populaire parce qu'il était moins coûteux et plus rapide qu'un contentieux judicaire. Toutefois, en tant que procédure de résolution des conflits, il est également devenu coûteux, long et s'est judiciarisé. Bien que l'arbitrage commercial continue d'offrir certains avantages n'existants pas dans le contentieux judiciaires - principalement le recours à des tiers neutres expérimentés dans le domaine du différend - les coûts et les délais de l'arbitrage aujourd'hui peuvent souvent dépasser ceux d'un contentieux judicaire complexe. La désaffection qui s'en est suivie vis-à-vis du contentieux judicaire et de l'arbitrage a conduit à des procédures de règlement extrajudiciaire des différends, tels que la médiation, et par la suite à l'élaboration du concept de CRD.

Naissance des Comités de Règlement des Différends

En 1972, le «U.S. National Committee on Tunneling Technology» (Comité National des Etats-Unis sur la technologie des travaux de tunnels) a parrainé une étude sur les pratiques en matière de passation des marchés dans le monde entier, afin de formuler des recommandations pour améliorer les méthodes de passation des marchés aux États-Unis. L'étude a conclu que l'effet délétère des différends et des litiges sur l'efficacité du processus de construction était une des principales causes de l'augmentation rapide des coûts de construction. Les résultats de l'étude ont été présentés dans le rapport *Better Contracting for Underground Construction* (Mieux Contracter pour la Construction Souterraine), publié en 1974 - et le concept du CRD était né.

En 1975, aux États-Unis, la procédure du CRD a été utilisée pour la première fois lors de la construction du deuxième puit du tunnel Eisenhower pour l'Interstate 70 dans le Colorado. Al Mathews, Palmer King et Charles McGraw étaient les premiers membres de ce CRD.

Comparé aux processus antérieurs de résolution des différends, le processus du CRD a été un succès retentissant. Le CRD a traité trois différends importants, mais la relation maitre de l'ouvrage - entrepreneur est demeurée cordiale tout au long de la construction et toutes les parties étaient satisfaites du résultat final en termes de coûts et de délais pour le projet. D'autres CRD réussis ont rapidement suivi, et l'industrie de la construction américaine a commencé à reconnaître les caractéristiques uniques du processus du CRD pour la gestion et le règlement des différends.

La Société Américaine des Ingénieurs Civils a fait la promotion du concept de CRD dans la première édition de son manuel, *Avoiding and Resolving Disputes During Construction* (Éviter et Résoudre les Différends Pendant la Construction) en 1989. Cette publication a été mise à jour et révisée en 1991 par le Comité Technique sur les Pratiques en Matière de Passation des Marchés du Conseil de la Recherche Technologique Souterraine. Parmi les 12 membres du comité, on notera la présence de A.A. "Al" Mathews, P.E. «Joe» Sperry et Robert J. «Bob» Smith, trois des fondateurs de la Dispute Resolution Board Foundation (DRBF).

Les Comités de Règlement des Différends se mondialisent

Lorsque le succès du CRD est devenu évident, son utilisation s'est répandue dans le monde entier. Le premier CRD hors des États-Unis est apparu au Honduras à l'occasion de la construction du barrage et de la centrale hydroélectrique El Cajón en 1980. D'autres CRD ont ensuite suivi sur la scène internationale, encouragés par le soutien des gouvernements, des associations professionnelles d'ingénieurs et des institutions de financement de projets telles que la Banque mondiale.

Dans les années 1990, plusieurs grands projets internationaux ont utilisé avec succès des CRD, notamment le projet de tunnel sous la Manche (Royaume-Uni/France), le nouvel aéroport international de Hong Kong et le projet hydroélectrique Ertan en Chine.

En janvier 1995, la Banque mondiale a publié une nouvelle édition de son document d'appel d'offres type, «Procurement of Works» (Passation des Marchés de Travaux), qui offrait à l'emprunteur trois options pour le règlement des différends, notamment l'utilisation d'un CRD de trois membres. Le CRD de trois membres devenait obligatoire pour les contrats supérieurs à 50 millions $.

Plus tard en 1995, la Fédération Internationale des Ingénieurs Conseils (FIDIC) a publié la première édition de son «Livre orange», qui introduisait le concept de Comité de Règlement des Différends dans les contrats FIDIC.

En 1999, la FIDIC a introduit à la fois des CRD permanents et des CRD ad hoc - le «Livre Rouge» de la FIDIC prévoyant un CRD permanent et les Livres Jaune et Argent contenant un CRD ad hoc (avec en option alternative un CRD permanent). En 2017, tous les contrats de la FIDIC Rainbow ont fait l'objet d'un examen approfondi et intègrent désormais le concept de CRD dans sa forme révisée de Comité de Prévention et de Règlement des Différends.

Entre-temps, le processus du CRD a pris racine dans les années 1990 avec plusieurs agences de transport d'État aux États-Unis, en particulier en Floride et en Californie. Encouragées par les performances et le succès de leurs CRD, ces agences ont commencé à utiliser des CRD dans tous les grands projets de construction.

Croissance Internationale

Depuis le milieu des années 1990, l'élargissement des procédures de CRD a été marqué notamment par l'adoption en 1997 par la Banque Asiatique de Développement et par la Banque Européenne pour la Reconstruction et le Développement d'une procédure de CRD pour les projets internationaux qu'elles financent.

En 2004, la Chambre de Commerce Internationale (CCI) a introduit ses règles de CRD, qui permettent à ses utilisateurs de choisir entre un «Dispute Review Board», un «Dispute Adjudication Board» et un «Combined Dispute Board» (une forme hybride permettant dans certains cas des recommandations non contraignantes et dans d'autres cas des décisions contraignantes). Les règles de la CCI ont ensuite été mises à jour en 2015 pour intégrer, entre autres, les concepts de prévention et de facilitation du règlement des différends dans le cadre d'une procédure de CRD.

En 2005, dans le cadre des «Objectifs du Millénaire» des Nations Unies, les responsables des achats de nombreuses banques multilatérales de développement

(«MDB») se sont associés à la FIDIC pour élaborer les «Conditions Contractuelles Harmonisées du FIDIC pour les MDB», ou «Livre Rose» qui comprend une procédure de CRD à la fois pour la prévention et pour la résolution des différends. Les pays en développement utilisent désormais largement ce modèle de contrat, mis à jour en 2010, pour les grands projets d'infrastructure. Par la suite, neuf banques multilatérales de développement dans le monde ont adopté la procédure de CRD.

Également en 2005, l'Institution of Civil Engineers basée au Royaume-Uni a publié la première édition de ses «Dispute Resolution Board Procedures.» (Procédures pour les Comités de Règlement des Différends).

En Australie, le nombre de CRD a augmenté de manière exponentielle depuis 2005. La plupart des grands projets d'infrastructure publique incluent désormais une procédure de CRD dans leur cadre contractuel, incluant notamment plusieurs grands contrats de Partenariat Public Privé (PPP). L'Australie a également innové pour abandonner le rôle traditionnel du règlement des différends du CRD, au profit d'une forme plus proactive de CRD, dans laquelle le rôle principal est la prévention des différends.

Depuis 2008, l'Agence Japonaise de Coopération Internationale (JICA) encourage activement l'utilisation des CRD pour les projets à l'étranger financés par «JICA Official Development Assistance loans» (Prêts d'Aide Publique au Développement de la JICA) souvent appelés prêts ODA. Les CRD doivent être intégrés de manière obligatoire dans les directives de la JICA en matière de passation des marchés et dans les documents d'appel d'offre standard. La JICA a également élaboré son propre manuel sur les CRD et a organisé des formations approfondies à l'intention des membres et des utilisateurs des CRD.

En Afrique du Sud, l'Institution for Civil Engineering a prévu des CRD ad hoc et des CRD permanents dans son édition 2010 des «Conditions Générales de Contrat pour les Travaux de Construction». Ces CRD reflètent la tendance internationale actuelle du concept de CRD, soulignant le rôle proactif des CRD dans la prévention et la résolution des différends.

En 2014, le Chartered Institute of Arbitrators du Royaume-Uni a publié la première édition de ses internationales *Dispute Board Rules* (Règles de Comités de

Règlement des Différends). Ces règles (comme les règles de la CCI) étendent le processus de CRD au-delà des contrats de construction pour tout projet à moyen ou long terme, de construction ou autre.

Plusieurs autres nouvelles formes de CRD sont récemment apparues, dont certaines attendent encore d'être largement utilisées. Par exemple, des règles spécifiques pour la mise en œuvre de CRD ont été publiées en Amérique du Sud, notamment au Pérou, au Brésil et au Chili. En Indonésie, le gouvernement a récemment adopté une nouvelle loi autorisant l'utilisation des CRD pour le règlement des différends relatifs aux grands projets de travaux publics.

Les CRD sont de plus en plus utilisées dans les projets de PPP, tant au niveau du financement que de l'exécution du projet. Des règles de CRD hybrides ont également été développées pour certains grands projets, impliquant souvent plusieurs contrats. Citons à titre d'exemple les Jeux olympiques et Para Olympiques de Londres de 2012, les Jeux olympiques et Para Olympiques de 2016 à Rio et le mégaprojet international de recherche en ingénierie et de fusion nucléaire de l'Union européenne appelé Joint Undertaking for ITER and the Development of Fusion Energy, mieux connu sous le nom de «Fusion Pour l'Energie (F4E)».

Aujourd'hui, les CRD représentent la seule procédure de gestion de contrat qui aide de manière proactive les parties à un projet à prévenir ou (si nécessaire) à résoudre les différends de manière rapide et économique. Les CRD font partie intégrante de nombreux projets de construction majeurs dans le monde entier. En outre, d'autres secteurs tels que les technologies de l'information, les assurances, la défense et l'industrie manufacturière ont commencé à utiliser le processus du CRD pour les contrats importants et complexes.

Le Rôle de la DRBF

En 1996, la DRBF a été créée en tant qu'organisation à but non lucratif par un groupe de professionnels impliqués dans la résolution des différends dans le domaine de la construction. Leur objectif était de promouvoir l'utilisation de la procédure du CRD et de servir de ressource pédagogique et d'échange d'informations pour les maitres de l'ouvrage, les entrepreneurs et les membres des CRD. Le premier livre sur les CRD, le «Construction Dispute Review Board Manual,» (Manuel de Règlement des Différends Relatifs à la Construction), rédigé par les fondateurs de la DRBF, Robert Matyas, Al Mathews, Bob Smith et Joe Sperry, a été publié cette année-là par McGraw-Hill.

Depuis lors, la DRBF a continuellement travaillé à l'élaboration de programmes de formation et de ressources axées sur les bonnes pratiques et un comportement éthique en matière de règlement des différends des projets. En 2001, la DRBF a décerné le premier «Al Mathews Award for Dispute Board Excellence,» (prix Al Mathews pour l'excellence du règlement des différends), un prix maintenant remis chaque année pour service exemplaire dans la promotion de l'utilisation du processus de CRD. En 2017, la DRBF a introduit «Excellence in Dispute Avoidance & Resolution Award,» (un Prix d'excellence en matière de Prévention et de Résolution des Différends) attribué chaque année à des équipes de projet utilisant le concept de CRD.

La base de données des projets de la DRBF a permis de suivre l'utilisation des CRD pour des projets d'une valeur totale supérieure à 275 milliards $ dans le monde. La DRBF compte aujourd'hui près de 1 000 membres internationaux et est représentée dans plus de 70 pays. Chaque année, la DRBF organise des séminaires et des conférences et publie des documents actualisés sur l'évolution du concept de CRD.

Chapitre 2
L'intérêt des Comités de Règlement des Différends

Au cours des années, les maitres de l'ouvrage et les entrepreneurs impliqués dans de grands projets ont résolu leurs différends contractuels en utilisant diverses méthodes, allant du contentieux judiciaire aux Modes Alternatifs de Règlement des Différends (MARD), telles que l'arbitrage, la médiation et la conciliation. L'un des développements les plus récents et les plus fructueux dans le domaine des MADR est l'introduction des Comités de Règlement des Différends (CRD) dans le processus de gestion des contrats et des différends.

Les CRD constituent un aspect important d'une bonne pratique de la gestion de projet. Les grands projets, en particulier ceux du secteur de la construction, entraînent des risques significatifs pour les parties, en fonction du type de projet, de sa complexité, de sa durée et du budget disponible.

Gestion des Risques

Dans le cadre de la conception et de la commande d'un projet, le maitre de l'ouvrage procède généralement à une étude de risque complète et à la mise en place d'un plan de gestion des risques permettant d'appréhender et d'atténuer les risques identifiables. Des outils de gestion de projet sont ensuite utilisés pour gérer ce risque.

Par exemple, l'optimisation de l'allocation des risques dans les contrats vise à faire porter le risque par la partie la mieux à même de l'éviter, de l'atténuer ou d'en assumer la responsabilité. Certains risques définis peuvent également être couverts par une assurance et d'autres risques sont traités dans le processus de gestion contractuelle, tels que la sécurité et le programme d'assurance qualité.

Les principaux types de risques traités par les CRD portent sur les coûts et la durée du projet. Lorsque des questions de coût et de retard surviennent dans un projet (comme cela arrive inévitablement) et que les parties contractantes ne sont pas d'accord sur leur responsabilité à l'égard de ces risques, un CRD est en mesure de les conseiller, de les assister et de résoudre les problèmes.

Dans son rôle de prévention des différends, le CRD assiste les parties dans la gestion ou la résolution des différends contractuels avant qu'ils ne se transforment en litige formel. Dans son rôle de résolution des différends, le CRD donne aux parties une recommandation ou une décision indépendante sur leurs différends formels, leur permettant ainsi de résoudre ces sujets au niveau du projet.

> **"Les CRD sont devenus assez fréquents dans les très grands projets de type infrastructures dans le monde entier, beaucoup d'entre eux représentant des centaines de millions de dollars ou plus… Les CRD peuvent examiner les différends au fur et à mesure de leur apparition et faire des recommandations aux parties en vue de « tuer dans l'œuf » ces différends naissants."**
>
> -Sir Robert Akenhead, Arbitre International et ancien magistrat de la Cour suprême du Royaume-Uni

Gestion des Différends

La gestion et le règlement des différends par les moyens habituels peut être très coûteuse pour le projet. Non seulement le recrutement de consultants experts et d'avocats entraîne des coûts supplémentaires non négligeables, mais le personnel du projet peut également être impliqué dans la préparation ou la défense des réclamations plutôt que de se concentrer sur l'exécution du projet.

En outre, des différends prolongés et non résolus peuvent conduire à des retards et à des perturbations dans les travaux du projet, entraînant une augmentation des coûts et une rupture des relations et des communications entre les parties. Avec les projets publics/gouvernementaux, de tels différends peuvent également générer des problèmes politiques (ainsi que des coûts et des retards supplémentaires) qui peuvent avoir un impact bien au-delà des limites du projet.

Enfin, les différends non résolus qui persistent après la fin du projet peuvent amener les parties à s'enfermer dans des positions qui entraînent souvent des mois et des années d'arbitrage ou de contentieux extrêmement coûteux.

> **"L'Université de Washington utilise les CRD comme principal processus de résolution des conflits depuis plus de 15 ans. Les CRD sont intégrés aux équipes de projet collaboratives en tant que « Comité de Prévention des Différends ». Depuis qu'elle a commencé à utiliser les CRD, UW n'a eu aucun procès et au cours des 10 dernières années n'a eu aucun différend ni réclamation formelle."**
>
> – Eric Smith, Directeur du Bureau du groupe des grands projets, Université de Washington

Les Comités de Règlement des Différends en tant qu'assurance Projet

Parfois, les maitres de l'ouvrage et les entrepreneurs considèrent les CRD uniquement comme un coût supplémentaire, plutôt que comme un outil de gestion économique.

Une comparaison avec l'assurance projet est instructive à cet égard. Maitres de l'ouvrage et entrepreneurs dépensent, sans hésiter, des sommes importantes en assurances pour des projets: responsabilité civile, professionnelle, accidents du travail, risques du constructeur, assurance chapeau etc. Les projets les plus importants et complexes impliquent souvent des programmes d'assurance souscrits par le maître de l'ouvrage ou l'entrepreneur, qui, en plus des coûts réels des polices, entraînent des coûts associés de gestion et d'administration du programme.

Le but de ces programmes d'assurance est de prévenir ou de minimiser les pertes (fonction de prévention) et / ou de payer les pertes pouvant résulter du transfert du risque aux assureurs (fonction de résolution). Ces fonctions sont similaires au rôle d'un CRD, quoiqu'un CRD ait un objectif encore beaucoup plus large et plus positif en pouvant impacter les résultats du projet.

"La procédure de CRD semble aider efficacement à la résolution des différends, conduisant plus souvent à l'achèvement des projets dans les délais, à la réduction des dépassements de coûts et à l'évitement des réclamations. L'utilisation des CRD pour des projets plus importants peut permettre de renforcer la coopération entre les parties, ce qui se traduira par moins de réclamations non résolues et une réduction des contentieux potentiels."

— Département des Transports de la Floride,
Bureau de l'Inspecteur Général

Un programme d'assurance est considéré comme un succès s'il sert à prévenir les pertes et que la couverture d'assurance permet de couvrir les pertes subies pendant le projet. Le fait que des millions de dollars en primes d'assurance et en coûts administratifs soient investis dans la prévention et la résolution des sinistres est considéré comme une dépense judicieuse, car il permet de limiter et de couvrir les risques du projet. Cependant, les statistiques recueillies par la DRBF indiquent que le coût de l'assurance sur les grands projets dépasse presque toujours de beaucoup le coût d'un CRD, et ce même avant la prise en compte des autres avantages d'un CRD.

L'analyse coûts-bénéfices

Une analyse coûts-bénéfices pour l'utilisation d'un CRD dans un projet commence par peser les coûts relativement fixes d'un CRD (voir Chapitre 11) par rapport aux bénéfices obtenus en minimisant l'impact coût/délais des problèmes litigieux. Il y a un certain nombre de facteurs importants à prendre en compte:

- Les coûts de mise en place d'un CRD par rapport au budget du projet sont faibles, généralement dans une plage de 0,05 à 0,15% des coûts du projet.
- Un CRD fonctionne dans la structure de gestion du projet pour minimiser les coûts du projet. Par exemple, le CRD assistera souvent aux réunions principales du projet qui seront tenues conjointement avec les

réunions du CRD. Le CRD peut également planifier des réunions sur site et qui conviennent aux parties et qui visent directement à optimiser les résultats du projet.

- Le coût marginal supplémentaire d'un CRD est inférieur à toute autre procédure formelle de résolution des différends. Le CRD est relativement informel, n'implique souvent pas de consultants externes ni d'avocats, n'inclut pas de procédure de «communication forcée de documents (discovery)» et utilise des informations en temps réel facilement accessibles aux parties et au CRD.

- Les études comparatives entre les projets sans CRD et les projets avec CRD montrent presque toujours des résultats positifs. Les projets avec CRD, comparés aux projets sans CRD, présentent des dépassements de coûts et des retards sur le calendrier de réalisation nettement moins importants.

En résumé, le coût d'un CRD générera un retour sur investissement positif grâce à des délais de réalisation du projet plus courts, à une minimisation des dépassements de coûts, à la prévention de la plupart des différends et à un coût beaucoup moins élevé de règlement des litiges inévitables.

Département des Transport de Floride : Les contrats avec DB éclipsent les autres

Etude sur un an du Département des Transports de Floride en 2013

● Nombre de contrats ● Dépassement des délais ● Dépassement des coûts

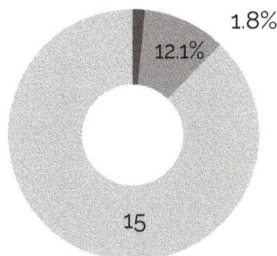

1.8%
12.1%
15
Contrats avec DB

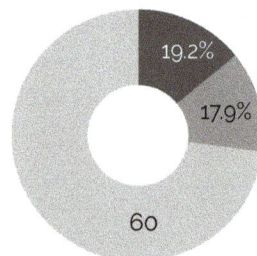

19.2%
17.9%
60
Contrats sans DB

Contrats durant plus d'un an

Autres Avantages du Comite de Règlement des Différends

Les CRD apportent également d'autres avantages «souples» importants à un projet. Les réunions régulières du CRD avec les équipes projet favorisent une communication ouverte et un comportement collaboratif qui aident à préserver les relations contractuelles. Les CRD encouragent les parties à régler les problèmes susceptibles de donner lieu à des différends à un stade précoce, lorsqu'ils sont le plus facile à résoudre. Les CRD peuvent également faciliter la recherche de solutions optimales pour minimiser les dépassements de coûts et de délai du projet.

Même en cas de différend, le processus de tenue de réunion du CRD offre un moyen de canaliser et de gérer les différends de manière ordonnée et neutre. Le processus de CRD est le seul processus alternatif de résolution des différends qui se déroule en temps réel. Les différends peuvent être rapidement résolus pendant le déroulement du projet, permettant ainsi à la direction de se concentrer sur l'obtention de meilleurs résultats. En outre, la mise en place d'un CRD respecte et maintient les dispositions contractuelles et la répartition des risques, car le CRD est tenu d'appliquer les stipulations du contrat telles que convenues dans les documents contractuels.

Enfin, les CRD offrent un processus de résolution des différends loyal et selon une procédure équitable. Le processus du CRD est basé sur des enregistrements factuels, sur la documentation du projet et la loi applicable. Le CRD fournira des conclusions motivées et détaillées par des experts expérimentés et indépendants qui comprendront le projet, les acteurs et les faits du différend. Le CRD offre aux maitres de l'ouvrage et aux entrepreneurs un processus d'examen au fond du différend dans lequel ils peuvent avoir une confiance absolue.

Etude 2018 : les CRD évitent et limitent les Différends

La Banque Asiatique de Développement (BAD) a demandé à la DRBF d›évaluer l›efficacité des CRD et de formuler des recommandations sur la mise en œuvre de projets financés par la BAD. L'étude de la DRBF a couvert plus de 230 projets.

Les résultats de l'étude ont démontré :

- Une forte préférence pour les CRD permanents plutôt que les CRD ad hoc.
- Une préférence écrasante (95 %) pour que les CRD adoptent des procédures de prévention des différends.
- Lorsque la prévention des différends est pratiquée, la probabilité qu'un problème aboutisse à l'arbitrage est très faible (6 %).
- Sur 337 avis consultatifs du CRD, seulement 7 % ont été soumis à une saisine formelle du CRD nécessitant une recommandation ou une décision.
- Sur 512 décisions de CRD, 6 % seulement ont été soumises à l'arbitrage et seulement sept de ces décisions ont été finalement annulées.
- Le processus du CRD a obtenu un taux de réussite de 94% dans l'évitement des procédures coûteuses de résolution des différents par la suite.

Chapitre 3

Comités de Règlement des Différends et autres MARD

Les Modes Alternatifs de Règlement des Différends (MARD) font généralement référence à des solutions alternatives au règlement des différends par les tribunaux judiciaires. Les CRD sont considérés comme faisant parties des MARD dans tous les systèmes de droit où ils sont utilisés. Ce chapitre offre une comparaison des CRD avec trois autres MARD utilisés couramment : la médiation, la décision d'expert et l'arbitrage.

En général, les CRD diffèrent des autres MARD en ce sens qu'ils sont les seuls à permettre aux parties de s'engager aussi bien dans la prévention des différends que dans leur résolution. Comme expliqué plus en détail au Chapitre 13, un CRD assume son rôle de prévention des différends en rencontrant périodiquement les parties pour traiter et éviter les problèmes qui pourraient donner lieu à des différends. Le CRD est également disponible pour fournir des avis consultatifs sur des questions lorsque les parties sont incapables de parvenir à un accord. Cela permet généralement aux parties de résoudre les problèmes avant qu'ils ne deviennent des différends formalisés.

Comme expliqué plus en détail aux Chapitres 14 à 16, un CRD assume son rôle de résolution des différends en tenant des audiences informelles et en fournissant aux parties des recommandations ou des décisions motivées sur leurs différends. Aucun des autres MARD ne combine les fonctions de prévention et de résolution des conflits.

Les CRD diffèrent également des autres MARD car ils sont généralement nommés au début du projet et restent en place jusqu'à son achèvement. Cela permet aux membres du CRD de développer une relation de confiance avec les parties, ce qui augmente la probabilité que les parties acceptent les avis consultatifs et les décisions du CRD en cas de différend formalisé.

Le CRD acquiert également des connaissances et des informations détaillées sur le projet, car il est au courant des événements et des actions au fur et à mesure qu›ils se déroulent. Les visites de sites et les réunions offrent un accès direct au personnel exécutant les travaux. En comparaison avec les autres MARD, cette participation active donne au CRD une compréhension plus profonde et plus précise des positions des parties ainsi que des faits et circonstances entourant un différend particulier.

Les sections suivantes résument les similitudes et les différences entre les CRD et les autres MARD.

Médiation

La médiation consiste généralement à faire appel à un médiateur expérimenté et indépendant pour aider les parties à parvenir à un règlement d'un ou plusieurs différends que les parties n'ont pas été en mesure de résoudre entre elles. Les principales similitudes et différences avec un CRD sont les suivantes :

Similitudes
- Un médiateur aura souvent une expertise dans l'objet du litige.
- Les deux processus sont collaboratifs, en ce sens que les parties cherchent à résoudre leur différend à l'amiable selon des conditions convenues.
- Les coûts de préparation et de conduite d'une médiation sont comparables à ceux d'une audience avec un CRD.

Différences
- Un médiateur n'a aucun rôle dans la prévention des différends, car il/elle est nommée (e) uniquement après qu'un différend soit formellement apparu.
- La médiation n'est pas menée en temps réel, mais après l'événement, lorsque les positions se sont durcies et que les résultats optimaux pour le projet risquent de ne plus être atteignables.
- En règle générale, le processus de médiation est contrôlé par des avocats plutôt que par le personnel du projet et risque de donner lieu à des débats contradictoires, dans la mesure où les parties prennent généralement une position extrême pour négocier.
- Un médiateur n'a aucune connaissance préalable des détails du projet ni de l'évolution du différend.

- Le résultat obtenu par une médiation ne facilite généralement pas et ne renseigne pas les parties sur l'exécution future du contrat par les parties.

La décision d'Expert (Adjudication)

Une décision d'Expert (souvent appelée «adjudication» dans certains systèmes juridiques) implique de faire appel à une tierce partie indépendante pour prendre rapidement une décision «au fond» sur les questions en litige.

Les parties sont généralement tenues de donner effet immédiat à la décision ; bien que, la décision puisse ne pas être finale et exécutoire si un arbitrage ultérieur est autorisé. Un tribunal ne peut la réviser que sur un petit nombre de questions.

L'adjudication est généralement fondée sur la loi, ce qui laisse peu ou pas de marge de manœuvre aux parties pour adapter le processus au différend en question. La décision de l'Expert a généralement une base contractuelle, donnant plus de flexibilité aux parties pour adapter le processus au type de différend et à la nature du projet. Les principales similitudes et différences avec les CRD sont les suivantes :

Similitudes
- L'expert indépendant a une expertise dans l'objet du litige.
- Le processus peut être mené rapidement pendant le projet mais peut ne pas être en temps réel, en fonction du moment où le différend est soumis à l'expert.

Différences
- L'expert ne joue aucun rôle dans la prévention des différends, car il n'est nommé que pour régler des différends formalisés.
- Le manque de participation du personnel impliqué dans le projet signifie que l'expert n'est pas bien informé du projet ou des faits sous-jacents au différend.
- La participation d'avocats et de consultants aboutit généralement à un processus plus contradictoire et à des coûts nettement plus élevés.
- Le processus n'est pas collaboratif et n'est d'aucune aide pour maintenir les relations des parties dans le projet.

Arbitrage

L'arbitrage implique la désignation d'un tiers indépendant ou d'un tribunal composé de trois personnes pour conduire une audience formelle de règlement du différend.

L'arbitrage a beaucoup des traits distinctifs d'un processus judiciaire puisque les avocats soumettent les dossiers des parties suivant une procédure juridictionnelle.

Fréquemment, l'arbitre est un avocat. L'arbitre rendra une décision motivée («une sentence») qui lie immédiatement les parties.

Dans la plupart des pays, l'arbitrage repose sur des bases légales, mais les parties peuvent spécifier contractuellement leurs propres règles de procédure ou adopter celles d'une institution arbitrale, telle que la Chambre de Commerce Internationale (CCI). Les parties ont généralement le droit de faire appel des sentences arbitrales en justice, mais uniquement pour des motifs limités. Les principales similitudes et différences avec les CRD sont les suivantes :

Similitudes
- Un arbitre a généralement une expertise dans l'objet du différend.
- La sentence d'un arbitre est fondée sur les termes du contrat, la loi applicable et le fond du différend.

Différences
- Un arbitre ne joue aucun rôle dans la prévention des différends, car il/elle n'est nommé(e) que pour entendre et régler les différends formalisés.
- Un arbitre n'est pas bien informé des détails du projet ou du contexte du différend, à l'exception des observations et des preuves présentées lors de l'audience qui ne concernent que les questions en litige.
- Les avocats et les experts-conseils sont généralement fortement impliqués dans le processus d'arbitrage, ce qui entraîne des coûts élevés et de longs délais de résolution.

- La procédure d'arbitrage présente de nombreuses similitudes avec la résolution judiciaire des différends. Par exemple, les règles de procédure peuvent autoriser la communication forcée de documents («discovery»), les requêtes interpellatives, les mémoires ou les dépositions sous serment, les audiences formelles avec témoignage oral et contre-interrogatoire, ainsi qu'une transcription ou un procès-verbal des débats.

Comparaison entre les Modes Alternatifs de Règlement des Différends

	Comités de Règlement Des Différends	Médiation/Conciliation
Personnes requises	1 ou 3 membres de CRD	1 médiateur/conciliateur
Modalités de nomination?	Sélectionné par les parties	Sélectionné par les parties
Quand le processusest mis en œuvre?	Au démarrage du projet	Une fois que le différend est déclaré
Vitesse du processus	Rapide, en temps réel	Variable, peut-être rapide
Nature du processus	Pro-actif pour tous les problèmes et interactif	Réactif uniquement au différend mais toujours interactif
Quand les Différends sont résolus?	Au fur et à mesure qu'ils surviennent. Souvent, les problèmes sont résolus avant qu'ils ne deviennent des différends.	Pendant le projet
Effet sur les relations des parties	Maintient les relations	Aide à maintenir les relations
Temps et efforts requis de la part des parties	Faible à moyen mais avec un engagement régulier	Faible à moyen mais généralement ponctuel
Coût relatif	Faible	Faible/moyen
Prévention des différends	Seul processus pour éviter les différends	Aucune
Règlement des différends	Fournit des recommandations ou des décisions contraignantes	Fournit des options pour des transactions
Règles régissant le processus	Spécifiées dans le contrat ou les régles institutionnelles	Convenues entre les parties et le médiateur/conciliateur

Décision d'Expert/Adjudication	Arbitrage
1 expert/adjudicator	1 ou 3 arbitre(s)
Sélectionné par les parties	Sélectionné par les parties ou nomination par un tiers
Une fois que le Différend est déclaré	Généralement à/ après l'achèvement du projet
Variable, peut-être prolongé	Long et lent
Réactif uniquement au différend	Réactif uniquement au différend et similaire à une résolution judiciaire des différends
Pendant ou à la fin du projet	Habituellement à la fin du projet
Conflictuel - n'aide pas à maintenir les relations	Conflictuel – détruit les relations
Moyen à élevé mais généralement ponctuel	Élevé, avec un engagement à long terme
Moyen	Très élevé
Aucune	Aucune
Décision contraignante	Décision contraignante et définitive
Peuvent être spécifiées dans le contrat. Souvent régi par des règles institutionnelles	Règles statutaires et/ ou institutionnelles

2

Les Concepts du Comité de Règlement des Différends

Chapitre 4

Le Processus du Comité de Règlement des Différends

Bien que le processus du CRD soit relativement nouveau en tant qu'approche de règlement des différends pour les grands projets (voir Chapitre 1), il s'est avéré comme étant couronné de succès. Le caractère particulier du processus du CRD est évident après plusieurs années d'utilisation. S'il est utilisé correctement, le processus du CRD est un moyen peu onéreux et très efficace pour aider les parties dans un projet - non seulement pour résoudre les différends rapidement, mais surtout pour éviter les différends et obtenir des résultats optimaux pour le projet.

Définir le Comité

Un CRD se compose généralement de trois membres. Cependant, certains CRD peuvent n'avoir qu'un seul membre (voir Chapitre 7).

Un membre du CRD est un professionnel respecté et de confiance, sélectionné pour ses connaissances, son expérience et son indépendance dans le domaine du projet (voir Chapitre 5). Typiquement, pour un projet de construction, un CRD peut comprendre un mélange d'ingénieurs, d'entrepreneurs, d'architectes, de constructeurs, de consultants et d'avocats, tous spécialistes de la construction. Tous les membres du CRD doivent être approuvés par les parties contractantes. Les membres du CRD doivent rester indépendants et impartiaux à tout moment et ne représentent pas l'une ou l'autre des parties contractantes.

Le Rôle du Comité de Règlement des Différends

Le CRD se réunit régulièrement avec les parties pendant le projet et les aide à prévenir et, si nécessaire, à résoudre les problèmes et les différends. Le CRD y parvient en constituant un forum impartial pour la résolution des différents en temps réel et pour un coût minimal.

L'existence même d'un processus de prévention et de règlement des différends facilement accessible, qui fait appel à des «personnes neutres» choisies d'un commun accord, techniquement compétentes et expérimentées, familières avec le projet, favorise un accord sur des problèmes qui, autrement, pourraient faire l'objet d'un arbitrage ou d'un contentieux long et coûteux.

Comment le Comité de Règlement des Différents Fonctionne

Le CRD est normalement constitué lorsque les parties concluent un accord pour la réalisation du projet. A cet instant, les parties concluent également un accord de CRD avec chacun des membres du CRD. Toutefois, un CRD peut être établi à un tout autre moment si les parties en conviennent.

L'Accord de CRD définit les responsabilités respectives des parties, ainsi que les fonctions et les obligations du CRD. Les coûts du CRD sont généralement partagés à part égale entre le maitre de l'ouvrage et l'entrepreneur.

Les réunions entre les parties contractantes et le CRD ont généralement lieu sur le site du projet à intervalles réguliers et comprennent souvent une visite du site. Lors des réunions, auxquelles assistent à la fois des cadres et la direction du projet, le CRD reçoit une mise à jour de l'avancement de tous les aspects du projet. Le CRD est informé des problèmes pouvant entraîner des augmentations de coûts ou des retards, ainsi que des problèmes non résolus qui pourraient devenir des différends. Le CRD consulte et échange avec les parties sur les moyens et solutions permettant de résoudre les problèmes.

Entre les réunions régulières du CRD, le CRD est tenu informé de l'avancement du projet par le biais de rapports mensuels, de comptes rendus de réunions et de tout autre document que les parties et/ou le CRD jugent nécessaires pour que le CRD soit tenu à tout moment correctement informé.

Si une question découlant du contrat n'est pas réglée après des négociations entre les parties et des échanges avec le CRD, l'une ou l'autre des parties peut alors transmettre officiellement ce différend au CRD pour une recommandation ou une décision.

Constitution du Comité de Règlement des Différends

Les processus de sélection varient et il existe en pratique plusieurs méthodes. Le maitre de l'ouvrage et l'entrepreneur doivent tous les deux identifier les candidats privilégiés pour constituer le CRD, en tenant compte de leurs qualifications, de leur disponibilité, de leur expérience et du contexte (voir Chapitres 5 et 12).

Les candidats peuvent être tenus de fournir une déclaration officielle d'impartialité et d'indépendance vis-à-vis des parties ou des personnes associées au projet. Une fois que les candidats du CRD ont été approuvés par les parties, le CRD est officiellement constitué par les parties et les membres du CRD signant conjointement l'Accord de CRD.

Qu'est-ce qui rend les Comités de Règlement de Différends efficaces ?

La plupart des contrats de construction sans CRD prévoient un processus de résolution des différends strict qui doit être suivi en cas de litige. A l'inverse, le rôle du CRD en matière de prévention des différends n'est pas limité par un processus prédéterminé. Cela permet au CRD d'engager les parties dans des stratégies de prévention des différends les plus à même de résoudre le conflit.

En constituant le CRD le plus tôt possible après la signature du contrat, le CRD se familiarise avec le projet dès le commencement lorsque des problèmes et des différends peuvent survenir. La mise en place rapide d'un CRD engage également les parties dans un cadre destiné à résoudre les problèmes et à éviter les différends en encourageant des relations positives et une communication ouverte entre les parties à tous les niveaux.

En surveillant et en étant tenu informé de l'avancement des travaux et de tout problème en cours entre les parties, le CRD est à même d'aider les parties à résoudre les problèmes en temps réel quand ils surviennent. Le règlement rapide des problèmes avant qu'ils ne deviennent des différends préserve les relations et réduit considérablement les coûts et les pertes de temps dévolu à l'exécution du projet.

La présence de cadres dirigeants aux réunions du CRD leurs permet non seulement d'être mieux informés de l'avancement sur le site du projet, mais également, du fait de leurs pouvoirs, d'intervenir dans la résolution de litiges potentiels.

Toutefois, si les parties ne parviennent pas résoudre un problème qui se transforme alors en différend, le CRD peut le résoudre rapidement, une fois que l'une des parties l'a officiellement saisi. Lorsqu'un différend est renvoyé au CRD pour être résolu, le processus du CRD est économique par rapport aux autres méthodes de résolution des différends (voir Chapitre 3).

Prévention des Différends

Le CRD dispose d'un large éventail de techniques de prévention des différends qu'il peut utiliser en fonction de la question à régler (voir Chapitre 13).

Typiquement, le CRD a une attitude proactive et encourage la prévention des différends en abordant la gestion du projet et la résolution des problèmes lors de réunions régulières du CRD. Le CRD s'informe régulièrement des problèmes potentiels, réclamations ou différends potentiels, et examine et surveille l'état de ces questions avec les parties. Le CRD exhorte également les parties à discuter du règlement rapide des problèmes et à utiliser le CRD pour faciliter des sessions informelles ou des réunions spécifiques avec les parties ou toutes tierces parties intéressées.

Le fait de savoir qu'un différend peut être soumis au CRD pour résolution incite les parties à résoudre les problèmes qui pourraient devenir des différends. Le retour d'information des CRD aux parties les amène à évaluer de manière critique leurs positions respectives sur le sujet traité.

En outre, avant de soumettre formellement un différend au CRD, les parties peuvent demander un avis consultatif informel et non contraignant au CRD. L'avantage d'un tel avis consultatif est qu'il peut souvent être fourni par le CRD dans un délai bref et aboutit couramment à la résolution d'un problème qui, autrement, aurait pu être officiellement renvoyé au CRD pour une recommandation ou une décision.

Résolution des Différends

Lorsque les parties ne parviennent pas à régler les différends rapidement, soit seules, soit avec l'assistance du CRD, l'une ou l'autre des parties peut soumettre officiellement le différend au CRD (voir Chapitre 14).

En règle générale, l'Accord de CRD régit le processus menant à la formulation d'une recommandation ou d'une décision. Cela implique généralement que chaque partie fournisse des mémoires résumant leur position, des pièces et des éléments de preuve liés au différend, chaque partie ayant ensuite la possibilité de répondre aux observations de l'autre partie (voir Chapitre 15).

Une audience est organisée si les parties sont d'accord, ou lorsque le CRD l'exige. Cela permet aux parties d'expliquer davantage leurs positions respectives et de répondre à la position de l'autre partie. Les avocats peuvent être autorisés ou non lors de telles audiences, selon ce que prévoit l'Accord de CRD (voir Chapitre 16).

Après la présentation et la communication de tous les documents pertinents, le CRD rend une recommandation ou une décision écrite - comprenant l'analyse et le raisonnement du CRD - dans le délai imparti par l'Accord de CRD (voir Chapitre 17).

En fonction du modèle et des dispositions de l'accord, le CRD peut émettre une recommandation non contraignante ou une décision contraignante (sous réserve d'un arbitrage ultérieur). Dans l'un et l'autre cas, l'expérience a montré qu'une analyse bien argumentée du différent par un groupe de professionnels neutres et hautement expérimentés aboutissait presque toujours à un règlement du différend sans procédure judiciaire ultérieure.

Chapitre 5

Qualités et compétences des membres du Comité de Règlement des Différends

Les exigences relatives à l'établissement d'un CRD pour un projet sont généralement définies dans les clauses de résolution des différends du contrat entre les parties et dans l'Accord de CRD. Toutes ces stipulations prévoient que la sélection et la nomination de membres du CRD dotés des compétences et de l'expérience appropriées sont essentielles au succès du processus du CRD. Ce chapitre décrit les qualités et les compétences requises de ceux qui souhaitent être membre d'un CRD.

Impartialité et Indépendance

Pour assurer le succès du processus du CRD et pour être un membre du CRD efficace, il est impératif d'être en permanence impartial et indépendant.

Les membres du CRD doivent gagner et conserver la confiance des parties au contrat. La création et le maintien de cette confiance est la clé du bon fonctionnement d'un CRD. La relation entre le CRD et les parties doit être fondée sur une transparence complète ainsi que sur le maintien de l'impartialité et de l'indépendance de tous les membres du CRD.

Bien qu'un membre du CRD puisse être nommé par l'une des parties au contrat, il est fondamental qu'un membre du CRD n'agisse à aucun moment en tant que défenseur ou représentant de l'une ou l'autre des parties. Le membre du CRD, après sa nomination, doit agir dans l'intérêt du projet dans son ensemble et doit toujours être perçu comme impartial et indépendant à tous égards.

Les concepts d'impartialité et d'indépendance sont bien établis dans la plupart des systèmes juridiques et des juridictions. Selon des définitions communes :

- **Impartialité** signifie ne pas avoir d'engagement ou d'intérêt direct et ne pas favoriser une personne ou une partie plus que l'autre.
- **Indépendance** signifie libre de tout influence, contrôle ou lien de subordination avec une autre personne.

Ces définitions sont complémentaires et suffisamment explicites par elles-mêmes. L'impartialité et l'indépendance sont au cœur du Code de Conduite Ethique de la DRBF (voir Chapitre 6).

La question de savoir si un candidat ou un membre du CRD est impartial doit être examinée, non seulement au regard de la preuve d'une partialité avérée, mais aussi en fonction de l'idée d'une partialité perçue. En termes juridiques, le critère de partialité *consiste à déterminer si un observateur raisonnable et indépendant, après avoir examiné les antécédents, l'expérience et le comportement du candidat/membre du CRD, pourrait conclure à l'existence d'une possibilité réelle de partialité.*

Cependant, les questions d'impartialité et de perception de partialité sont souvent des questions subjectives. Avant de nommer un membre du CRD, les parties devraient dans tous les cas procéder à une évaluation appropriée de l'impartialité. De plus, dans l'exercice de son rôle, le membre du CRD doit continuer à agir de manière impartiale pendant toute la durée du CRD.

Contrairement à l'impartialité, l'indépendance repose en grande partie sur des faits objectifs et peut être évaluée à partir des informations révélées par le candidat au CRD (voir Chapitre 12). Par exemple, s'il existe un lien financier entre l'une des parties et le candidat du CRD, ce candidat n'est clairement pas indépendant. Parmi les autres exemples de manque d'indépendance, citons une participation antérieure au projet ou des relations étroites avec l'un des représentants d'une des parties.

Les candidats du CRD doivent être indépendants des parties au moment d'accepter une désignation pour siéger en tant que membre du CRD et doivent le rester jusqu'à la fin de cette mission. Cela signifie que le rôle d'un membre du CRD exclura toute autre relation avec les parties ou avec d'autres entités impliquées dans le projet.

Conflit d'Intérêts

Le concept de «conflit d'intérêts» est une notion plus étroite et plus spécifique du concept général d'impartialité et d'indépendance. Dans le cadre de l'exigence d'impartialité et d'indépendance, les membres du CRD doivent être et demeurer libres de tout conflit d'intérêts.

En termes simples, un conflit d'intérêts est un conflit entre les intérêts concurrents d'une personne dans un poste de décision, ici un membre du CRD. Un exemple simple est qu'un employé d'une entreprise ne pourrait pas agir en tant qu'expert indépendant, médiateur ou arbitre dans un conflit impliquant son employeur en raison de la présence de deux intérêts manifestement opposés.

Un conflit d'intérêts concernant un membre du CRD ne peut pas être envisagé uniquement sur la base d'un critère juridique strict, mais doit être traité dans le contexte plus large de ce que l'on pourrait considérer comme un conflit «commercial» ou de l'apparence d'un tel conflit. Les implications éthiques d'un conflit d'intérêts sont également importantes (voir Chapitre 6). Dans le contexte d'un CRD, un conflit d'intérêts surviendra si un membre potentiel du CRD répond à l'un des critères suivants :

- *A un intérêt financier dans le contrat ou le projet ou un intérêt financier dans une partie directement impliquée dans le projet.* Un intérêt financier comprend, par exemple, la propriété effective d'actions d'une partie, détenues à titre personnel ou par d'autres arrangements juridiques tels que des fiducies, des partenariats ou des fonds d'investissement. Un membre du CRD ne doit pas bénéficier, même indirectement, des services fournis par un CRD, à l'exception des paiements reçus pour des services rendus en vertu de l'Accord de CRD.

- *Ne divulgue pas aux parties contractantes avant sa nomination au CRD, tous les emplois actuels ou antérieurs avec des personnes directement liées au projet ou leurs liens financiers avec elles.* Un emploi antérieur ou des liens financiers au cours d'une période donnée empêchent normalement de participer au CRD. Une période typique est de deux ans, mais des périodes plus longues peuvent être exigées dans certaines circonstances. Les rôles antérieurs et actuels en tant que membre de CRD, médiateur, arbitre, etc., relatifs à d'autres contrats impliquant une ou plusieurs des mêmes parties (ou une entité contrôlée par l'une des parties) doivent également être divulgués. La divulgation complète avant la désignation d'un membre du CRD permettra à chaque partie d'évaluer et d'être convaincue que ces relations passées ou présentes n'auront aucune incidence sur l'indépendance et l'impartialité du membre du CRD.

- *Ne divulgue pas aux parties contractantes, avant sa désignation au CRD, toute relation professionnelle, sociale ou personnelle passée ou en cours avec un administrateur, un dirigeant ou un employé d'une partie directement impliquée dans le projet.* De telles relations se forment fréquemment dans l'environnement de travail et lorsqu'il existe des intérêts communs au sein d'associations, d'organisations sociales, religieuses ou sportives. Les personnes ayant l'expérience nécessaire pour participer au CRD sont souvent susceptibles d'avoir déjà eu des contacts professionnels avec un ou plusieurs représentants des parties. Bien que ces relations n'empêchent pas de siéger au CRD, la divulgation de ces informations permet de s'assurer que toutes les parties sont au courant de toute relation non financière qui pourrait être perçue comme portant atteinte à l'impartialité ou à l'indépendance du CRD.

- *Ne révèle pas une relation fiduciaire distincte (par exemple, en tant qu'employé ou consultant) avec une partie impliquée dans le contrat.* À cet égard, le consentement des parties contractantes doit également être obtenu avant de participer en tant que membre d'un autre CRD dans un autre projet impliquant l'une des mêmes parties.

- *Ne divulgue pas aux parties contractantes tout fait ou circonstance qui pourrait raisonnablement être considéré par une partie contractante comme étant susceptible de nuire à l'indépendance ou à l'impartialité du membre du CRD.* Cette obligation est maintenue pendant toute la durée du CRD.

- *De nombreuses désignations passées ou présentes en tant que membre de CRD par l'une des parties contractantes. Plusieurs désignations à des CRD et désignations par la même partie peuvent susciter une inquiétude raisonnable quant à la partialité ou au parti pris, au moins aux yeux d'un observateur objectif.*

Ce sont les parties au contrat, et non le membre éventuel du CRD, qui doivent déterminer s'il existe un conflit d'intérêts. Le membre éventuel du CRD doit divulguer toutes les associations et intérêts passés et présents pour permettre aux parties de prendre une décision en toute connaissance de cause (voir Chapitre 12).

À la suite de la divulgation par un candidat au CRD ou par un membre du CRD d'un conflit d'intérêts réel ou potentiel, il doit refuser la candidature ou démissionner du CRD, si cela est demandé par des deux parties contractantes.

Toutefois, si une telle demande n'est formulée que par une partie, la position en tant que membre du CRD doit être examiné et discuté avec les deux parties et les autres membres du CRD. Si le conflit déclaré est éloigné ou sans importance et que le membre du CRD confirme qu'il est et restera indépendant et impartial, les parties contractantes sont susceptibles d'accepter la désignation ou la confirmation du membre du CRD.

Sélection des Membres du Comité de Règlement des Différends

Pour s'assurer que le CRD constitue une équipe appropriée et qualifiée, les parties à un contrat doivent prendre en compte une variété de critères lors du choix des membres du CRD. Ces critères vont des compétences et de l'expérience à la disponibilité, l'impartialité et l'indépendance.

Lorsque les parties contractantes désignent un membre du CRD, il convient de prendre en compte les qualifications et les compétences du membre potentiel du CRD, ainsi que tout critère défini par les parties ou toute exigence spécifiée dans le contrat des parties. Pour les contrats multinationaux, la nationalité et les compétences linguistiques appropriés seront importantes. Pour de nombreux projets, inclure un avocat et / ou un spécialiste expérimenté en résolution de conflits en tant que membre du CRD sera également un facteur important à prendre en compte.

Lorsque le membre du CRD sélectionné doit remplir le rôle de président du CRD, des critères supplémentaires sont généralement applicables (voir ci-dessous).

Qualifications et Expérience

Dans l'idéal, les membres du CRD devraient avoir de l'expérience dans des domaines techniques, contractuels et commerciaux en rapport avec le projet.

Les critères liés à l'expérience à prendre en compte incluent :

- Expérience du type de travaux et de risques liés au projet, en particulier si les travaux sont spécialisés (par exemple, tunnel ou télécommunications).
- Direction générale et expérience commerciale sur de grands projets.
- Expérience en résolution des litiges (par exemple en tant que facilitateur, médiateur, expert ou arbitre).
- Expérience dans les domaines juridiques appropriés, notamment l'interprétation des contrats et des spécifications techniques.
- Familiarité avec le mode de réalisation du projet (par exemple, conception-construction, PPP, etc.).
- Formation préalable et expérience en tant que membre de CRD.

Compétences

Les membres du CRD doivent avoir de bonnes compétences en gestion et en communication et maîtriser la langue de communication. Les compétences à prendre en compte incluent :

- Formation et compréhension du rôle et du processus du CRD.
- Fortes compétences relationnelles pour une communication et une négociation efficace.
- Expérience des aspects procéduraux des processus de règlement des différends et de la conduite des audiences.
- Capacité à rédiger des rapports, des recommandations et des décisions motivées de manière concise et logique.
- Possession de compétences complémentaires aux autres membres du CRD et adaptées au type de projet et à son mode de réalisation.

Disponibilité

Les membres du CRD doivent s'assurer qu'ils seront disponibles pour toutes les visites de sites et les réunions régulières du CRD pendant la durée du projet. Si un candidat au CRD est soumis à des contraintes de calendrier, celles-ci doivent être communiquées aux parties au moment de la désignation.

Les sujets particuliers liées à la disponibilité qui devraient être traités par un membre potentiel du CRD incluent :

- Être surchargé de travail et ne pas être disponible pour des réunions régulières du CRD ou des visites de sites en temps voulu.
- Être raisonnablement disponible dans un délai bref pour traiter rapidement les problèmes ou différends pouvant survenir.
- Être capable de préparer et de rendre des avis consultatifs écrits, des recommandations et / ou des décisions aux parties dans les meilleurs délais.
- Être en bonne santé physique pour remplir les exigences du rôle d'un membre de CRD pendant toute la durée du projet.

Président du Comité de Règlement des Différends – Qualifications et Expérience

Un président du CRD doit effectuer diverses tâches supplémentaires, notamment :

- En supportant une plus grande part de la charge de travail du CRD, le président doit jouer le rôle d'interface administrative principale entre le CRD et les parties contractantes.
- En gérant le processus du CRD, notamment en établissant les calendriers et des ordres du jour, en présidant des réunions et des audiences régulières du CRD, en organisant des inspections de site et en communiquant avec les parties.
- En facilitant les discussions ouvertes et informelles entre les membres du CRD et les représentants des parties.
- En coordonnant la préparation des avis consultatifs, recommandations et / ou décisions du CRD.

- En préparant et / ou en approuvant les notes des réunions du CRD avant leur distribution aux parties.
- En rencontrant quelquefois les responsables exécutifs des parties contractantes.

Le Président devrait être choisi principalement pour son expérience de la gestion du processus du CRD. La capacité à intégrer efficacement le CRD dans la structure de direction du projet est également importante. Semblables aux compétences requises d'un membre de CRD (voir ci-dessus), les compétences souhaitables d'un président du CRD incluent :

- Expérience et connaissance du processus du CRD et du rôle du CRD dans les réunions régulières, le processus consultatif et les audiences du CRD.
- Disponibilité et volonté de gérer les aspects administratifs de la charge de travail du CRD (par exemple, communications avec les parties, planification, etc.).
- Formation préalable (par exemple, participation à un atelier Présidence du CRD de la DRBF).
- Bonnes compétences en communication et en animation, qui encouragent les discussions ouvertes et informelles.
- Être respecté et avoir bonne réputation au sein de la profession, afin d'aider à obtenir et conserver la confiance des parties et des autres membres du CRD.

Certains Accords de CRD prévoient une présidence tournante, mais c'est en pratique rare. Dans le cas d'un CRD à une personne, le membre du CRD doit posséder les qualifications et l'expérience d'un Président (comme indiqué ci-dessus).

Chapitre 6
Code de Conduite Ethique de la DRBF

L'indépendance et l'impartialité d'un CRD rendent essentiel que les membres du comité agissent avec une éthique élevée. Chaque membre doit non seulement être indépendant des parties contractantes et de toute entité liée, mais doit également agir à tout moment de manière neutre et indépendante, et perçue comme telle. Pour qu'un CRD fonctionne efficacement, les membres du CRD doivent établir et entretenir de bonnes relations de travail fondées sur la confiance et l'intégrité, à la fois entre membres du CRD et avec les parties contractantes.

À cette fin, la DRBF a mis en place un Code de Conduite Ethique qui définit les aspects essentiels de la conduite personnelle et professionnelle auxquels chaque membre du CRD doit souscrire. Le Code comprend quatre Principes Ethiques, à observer tout au long du processus du CRD. Les parties contractantes sont encouragées à inclure le respect du Code de la DRBF en tant qu'obligation dans l'Accord de CRD.

Vous trouverez ci-dessous une explication de la conduite éthique requise sous-jacente à chaque Principe et quelques directives pratiques pour aider les membres du CRD à se conformer au Code. Dans le vocabulaire du Code indiqué ci-dessous, les membres du CRD sont définis comme membres du Comité.

Principe 1 – Conflit d'intérêts et divulgation

Les membres du Comité doivent éviter tout conflit d'intérêts actuel ou potentiel pendant la durée du CRD. Les membres du Comité doivent divulguer, avant leur désignation, tout intérêt, toute relation passée ou présente, ou toute association qui pourrait raisonnablement être considéré par une partie contractante comme étant susceptible d'affecter l'indépendance ou l'impartialité du membre en question. Si, pendant la durée du mandat du CRD, un membre du Comité prend connaissance d'un fait ou d'une circonstance pouvant raisonnablement être considéré par une partie contractante comme susceptible d'affecter l'indépendance ou l'impartialité de ce membre du Comité, ce membre du Comité doit en informer les autres membres du Comité et en faire part aux parties contractantes.

Pour protéger la crédibilité et l'intégrité du CRD, les membres du Comité doivent divulguer tous les intérêts ou relations susceptibles d'affecter leur indépendance ou leur impartialité ou de créer une apparence de partialité ou de parti pris. En règle générale, en cas de doute sur le point de savoir si un membre du CRD doit divulguer certains faits ou certaines circonstances, la question doit être résolue en faveur de la divulgation. Les conflits d'intérêts potentiels qui empêcheraient un membre du CRD de se conformer au Principe 1 du code de la DRBF sont décrits au Chapitre 5.

S'il existe un conflit d'intérêts, un candidat au CRD doit décliner sa désignation au CRD. Si un conflit survient après la désignation (par exemple, en raison d'une acquisition ou d'une fusion par l'une des parties), un membre du CRD doit faire une information appropriée (voir Chapitre 12) le plus tôt possible. Après examen des circonstances du conflit par les autres membres du CRD et les parties contractantes, le membre du CRD peut être invité à démissionner ou doit le faire de son propre chef.

Principe 2 – Confidentialité

Les membres du Comité doivent s'assurer que les informations acquises pendant la durée du CRD restent confidentielles et qu'elles ne soient pas divulguées, à moins que ces informations ne soient déjà dans le domaine public. Ces informations confidentielles ne peuvent être divulguées qu'avec l'accord des parties contractantes ou si la loi l'impose. Les membres du Comité ne doivent pas utiliser ces informations confidentielles à des fins autres que les activités du Comité de Règlement des Différends.

Etablir un climat de confiance avec les parties contractantes est d'une importance primordiale dans le processus du CRD. L'Accord de CRD impose généralement des obligations de confidentialité qui doivent être respectées par chaque membre du CRD.

Dans le cadre de ses activités d'évitement et de prévention des différends (voir Chapitre 13), le CRD doit s'assurer qu'il offre un environnement confidentiel et informel dans lequel les parties contractantes sont encouragées à discuter et à résoudre les problèmes avant qu'ils ne se transforment en différends.

Si le CRD opère dans une juridiction de Common Law, le concept juridique de « without prejudice » (sans préjudice) est souvent appliqué aux communications orales et écrites dans le cadre du processus du CRD. « Without prejudice » signifie que les parties sont libres de discuter des questions, de faire des concessions et d'explorer des solutions possibles, tout en sachant que si la question n'est pas résolue et devient ensuite un différend formel, ces discussions et concessions ne peuvent être ni évoquées ni utilisées contre elles.

Les informations communiquées au CRD doivent rester confidentielles. Les membres du CRD doivent respecter cette confidentialité et traiter le contrat et tous les autres détails du projet, ainsi que leurs propres activités - qui ne sont manifestement pas de notoriété publique - comme confidentielles au processus du CRD. Un membre du CRD ne doit divulguer aucune information, oralement ou par écrit, sans l'autorisation écrite préalable des parties. Les informations obtenues par un membre du CRD au cours du processus du CRD ne doivent pas être utilisées ou transmises à des tiers à des fins personnelles.

Si des différends surviennent, le processus du CRD fournit aux parties un moyen privé et confidentiel de résoudre leurs problèmes contractuels. Les documents et observations des parties relatives à un différend ainsi que les conclusions, rapports, recommandations et décisions du CRD ne seront généralement pas accessibles au public, sauf si cela a été convenu par les parties contractantes ou si la loi l'exige (par exemple, par la loi de certains états ou dans des procédures judiciaires).

La communication (à la DRBF ou à d'autres organismes professionnels) de données statistiques et factuelles (souvent sous forme expurgée) relative à un CRD ou la liste des projets dans le curriculum vitae d'un membre du CRD n'est généralement pas considérée comme une violation de la confidentialité. Cependant, il est recommandé aux membres du CRD d'obtenir l'accord préalable des parties contractantes.

Principe 3 – Comportement du Comité et Communications

Les membres du Comité doivent mener leurs activités avec célérité, diligence, organisation et impartialité. Les membres du Comité doivent agir avec honnêteté, intégrité et sans parti pris. Il ne doit y avoir aucune communication unilatérale entre un membre du Comité et une partie contractante, sauf dans les cas autorisés par les procédures de fonctionnement du Comité de Règlement des Différends ou si cela est convenu entre les parties.

Les parties contractantes sont en droit d''attendre que les procédures du CRD soient menées de manière rapide, diligente, ordonnée et impartiale. Le Président du CRD, ou (le cas échéant) l'unique membre du CRD, doit s'assurer que les réunions se déroulent de manière professionnelle et en conformité avec les exigences contractuelles applicables, l'Accord de CRD et les procédures opérationnelles adoptées.

Le CRD doit suivre la «bonne pratique» en termes de tenue de réunion, tel que remettre un ordre du jour et des résumés de réunion, des rapports de visite de site, des listes d'actions, etc... Les audiences (voir les détails sous le Principe 4) doivent également être gérées rapidement et de manière impartiale, tout en garantissant une procédure équitable pour toutes les parties.

Les protocoles de communication sont importants et doivent être suivis. Toutes les communications avec le CRD doivent être envoyées à tous les membres du CRD. Les membres du CRD doivent éviter toute communication unilatérale (ex parte) avec une partie contractante.

Toutes les communications du CRD avec les parties contractantes doivent se faire par l'intermédiaire du Président du CRD (à l'exception de certaines questions administratives, telles que les factures d'honoraires des membres du CRD). Le Président du CRD doit établir des lignes de communication claires en identifiant les points de contact avec les parties contractantes, étant entendu que ces points de contact transmettront les communications du CRD en interne, selon les besoins, au sein de leurs organisations respectives.

Dans les communications tant orales qu'écrites avec les parties contractantes, les membres du CRD doivent éviter toute apparence de partialité ou de parti pris. Une égalité de traitement est essentielle. Les membres du CRD doivent être conscients que des questions orientées ou des commentaires négatifs, peuvent être interprétés à tort par une partie comme une indication de partialité ou de parti pris de ce membre du CRD (voir Chapitre 5).

Exemples de comportements inappropriés et contraires à l'éthique de la part des membres du CRD :

- Réunions privées ou autres communications avec une seule des parties contractantes.
- Faire des commentaires gratuits ou désobligeants sur le projet, les termes du contrat ou les actions / inactions d'une partie contractante.
- Critique publique ou dénigrement d'un individu, d'une partie ou d'un membre du CRD.
- Préjuger du fond d'une question sans donner à chaque partie l'occasion de présenter ses arguments et de répondre à la position de l'autre partie.
- Offrir des conseils juridiques ou techniques allant au-delà du rôle ou des compétences définies pour le membre du CRD.
- Ignorer ou tenter de réécrire les termes des accords contractuels des parties.
- Non-respect des antécédents culturels, de la langue, de l'éducation ou de l'expérience professionnelle d'un individu.
- Acceptation d'invitations, de cadeaux ou de gratifications d'une partie contractante, même s'ils ont été offerts innocemment et de bonne foi.
- Facturation des parties contractantes d'une manière (ou pour un montant) différente de celle convenue dans le cadre de l'Accord de CRD.

Principe 4 – Procédures du Comité

Toutes les réunions et audiences du Comité doivent se dérouler conformément aux dispositions contractuelles et aux procédures applicables, de manière à garantir une procédure équitable aux parties contractantes. Les recommandations et les décisions du Comité de Règlement des Différends doivent être prises rapidement sur la base des dispositions du contrat, de la loi applicable et des informations et des faits et circonstances communiqués par les parties contractantes.

Des recommandations ou des décisions impartiales et rendues en temps et en heures sont importantes pour le processus du CRD. Lors de l'examen des différends dont il est saisi, le CRD doit mettre en œuvre un processus équitable sur le plan procédural et efficace en termes de couts et de délais.

Une procédure équitable exige que les parties contractantes aient la possibilité effective de préparer et de présenter leurs soumissions et toutes les informations pertinentes au CRD. Une partie doit également avoir la possibilité de répondre aux observations et aux informations présentées au CRD par l'autre partie. À cet égard, les membres du CRD doivent agir en toute impartialité à tout moment et sans favoriser l'une ou l'autre des parties. Les membres du CRD doivent veiller à ce que tout processus de résolution des différents adoptés par le CRD réponde à ces exigences fondamentales, ainsi qu'au respect de l'Accord de CRD et des procédures applicables (voir Chapitres 15 et 16).

Les recommandations ou décisions du CRD doivent être fondées sur les dispositions spécifiques du contrat, sur la loi applicable de l'Etat ou du pays concerné, sur les informations, faits et circonstances présentées par les parties contractantes. Les membres du CRD doivent appliquer leurs propres expertise et expérience à la résolution de tout différend, mais le CRD doit interpréter le contrat de manière objective et ne pas tenter de «réécrire» les conditions parce qu'elles leurs paraîtraient injustes ou mal rédigées. En outre, le CRD ne doit pas ignorer les exigences des lois ou de la législation applicables (voir Chapitre 17).

L'obligation de s'assurer que les recommandations ou décisions d'un CRD sont conformes au droit applicable ne signifie pas qu'un CRD doit nécessairement inclure un juriste. Bien que les membres du CRD aient souvent des qualifications juridiques, les membres du CRD non-juristes doivent simplement s'informer du droit applicable le cas échéant. Dans la plupart des cas, les parties contractantes, de leur propre initiative ou à la demande du CRD, transmettent au CRD des observations sur les questions juridiques litigieuses.

Il n'y pas de place dans un avis, une recommandation ou une décision du CRD pour une critique des actions, du style de gestion ou de l'approche d'une partie contractante (ou d'un individu) en matière d'administration du contrat. De tels commentaires ne feront que donner l'impression que le CRD est partial à l'égard du destinataire à cause de ces critiques.

Les recommandations ou décisions du CRD doivent être, et être perçues comme étant, objectives, impersonnelles et fondées sur un raisonnement clair et logique basé sur les informations dont il dispose, les conditions contractuelles et la loi applicable.

3

Mise en Place d'un Comité de Règlement des Différends

Chapitre 7

Types de Comités de Règlement des Différends

Plusieurs modèles de CRD sont couramment utilisés dans le monde. Ces CRD se distinguent par leur rôle principal au sein d'un projet (prévention ou résolution des conflits, ou les deux), le nombre de membres du CRD (un ou trois), la durée du CRD (permanent ou ad hoc) et la nature des règles ou des procédures auxquelles est soumis le fonctionnement du CRD.

La plupart des modèles de CRD intègrent des caractéristiques qui favorisent le succès du projet telles que la mise en place du CRD au début d'un projet, la sélection appropriée des membres du CRD et l'implication régulière du CRD dans la gestion et la gouvernance du projet.

Cependant, l'intérêt du CRD peut être en partie compromis si le modèle utilisé n'est pas approprié. Par exemple, choisir un CRD individuel pour des économies de coûts peut compromettre l'efficacité de celui-ci dans des projets de grande envergure et / ou complexes qui pourraient bénéficier de la diversité d'expérience acquise avec un CRD de trois personnes.

Comité de Règlement des Différends de trois personnes

La forme la plus courante de CRD est la forme avec trois personnes. Les membres du CRD sont sélectionnés par différentes méthodes (voir Chapitre 12) et approuvés à la fois par le maitre de l'ouvrage et l'entrepreneur.

Les avantages d'un CRD à trois personnes par rapport à un CRD d'une personne comprennent :

- La probabilité d'avoir une plus grande expérience, et plus variée à apporter au projet.
- Les avis consultatifs, recommandations et ou décisions ont plus de poids, en particulier s'ils sont unanimes.

- Plus grande capacité et efficacité à la fois dans ses rôles de prévention et de décisions.
- Plus de réactivité et de flexibilité, car il peut encore fonctionner si un ou deux membres du CRD sont temporairement indisponibles.
- Un ou deux membres du CRD, plutôt que les trois, peuvent être chargés de traiter une tâche particulière, telle que la facilitation d'une réunion informelle, afin d'aider les parties à résoudre leurs différends.

Comité de Règlement des Différends à une seule personne

Ce modèle de CRD fonctionne avec succès depuis plusieurs années dans de nombreux pays, et son utilisation est en augmentation.

Un CRD individuel est particulièrement adapté à des projets plus petits où le coût d'un CRD à trois personnes ne peut pas être justifié. Toutefois, un CRD individuel n'est pleinement efficace que si une personne indépendante possédant toutes les qualifications et l'expérience souhaitées (voir Chapitre 5) est disponible. En pratique, le principal avantage d'un CRD individuel par rapport à un CRD de trois personnes est la réduction des coûts (voir Chapitre 11).

Conseil en Règlement des différends

Le concept de «Dispute Resolution Advisor» (Conseil en Règlement des Différends) (DRA) a été utilisé pour la première fois à Hong Kong il y a plus de vingt ans et a été exporté avec succès dans plusieurs autres pays.

Un DRA est similaire à un CRD permanent à une seule personne, mis en place de manière conventionnelle au commencement du projet. Cependant, au lieu d'avoir un pouvoir de décision ou de recommandation sur le bien-fondé d'un différend, le son rôle du DRA est principalement celui d'un consultant indépendant et expérimenté, qui identifie les zones de conflit potentielles et veille à ce que les parties traitent les problèmes qui se posent dès que possible.

L'autre rôle principal du membre du DRA est d'aider les parties à résoudre de manière informelle tout différend. On attend du DRA qu'il aide les parties en étant un facilitateur afin de parvenir à un règlement à l'amiable des différends ou en mettant en place un mécanisme formel approprié de résolution des différends.

Comité de Règlement des Différends avec un Panel de Membres

Pour les projets de construction importants et complexes avec des contrats multiples ou de natures différentes, le moyen de prévention et de règlement des différends le plus économique peut être de mettre en place un panel de membres du CRD.

Le panel doit être composé de praticiens de CRD expérimentés, parmi lesquels chaque membre du CRD peut être sélectionné pour travailler sur des contrats spécifiques dans le cadre du projet global. Un membre du panel du CRD peut être appelé à jouer le rôle de facilitateur, de médiateur ou à rendre une décision, le cas échéant, en cas de différend.

Trois exemples illustrent la souplesse de ce modèle de CRD.

Dans un premier exemple, au début de la construction d'un grand complexe aéroportuaire, un groupe appelé Disputes Review Group (DRG), composé de six membres, a été formé pour couvrir tous les contrats importants (environ 20) du projet. Les membres du DRG ont été choisis spécifiquement pour fournir l'éventail des compétences jugées nécessaires pour comprendre et traiter les aspects techniques et commerciaux de tout différend susceptible de survenir. Lorsqu'un différend survenait, un ou trois des membres du DRG étaient choisis et rapidement mobilisés pour traiter le différend.

Dans un deuxième exemple, sur un grand projet ferroviaire souterrain, deux panels de CRD ont été constitués : un panel d'ingénieurs techniques (chargés des différends techniques et liés à la construction) et un panel financier composé d'experts comptables et de banquiers (chargés des différends concernant les dispositions financières des accords de financement et de concession). Dans cet exemple, lorsqu'un différend survenait, un CRD composé d'une seule personne pouvait être nommé à partir de l'un ou l'autre des panels, ou un CRD à trois personnes pouvaient être nommé avec des membres du CRD choisis dans les deux panels.

Dans ces deux exemples, les panels des membres des CRD étaient axés sur le règlement des différends et n'ont donc pas pu apporter au projet les avantages de la prévention des différends.

Dans un troisième exemple, la prévention des différends était l'objectif principal. Un panel de membres de CRD a été établi avant le début des travaux de construction d'un très grand projet d'autoroute comprenant plus de 200 ponts. Il y avait plus de 10 contrats principaux distincts avec des CRD.Le panel de membres de CRD était présélectionné par le maitre de l'ouvrage et composé uniquement de membres de CRD expérimentés dans chacun des aspects particuliers des travaux de chaque contrat. Au moment de la désignation de chaque entrepreneur, un membre du panel du CRD a été sélectionné pour servir de CRD permanent, composé d'une personne, pour cette partie du projet. Un Président de CRD expérimenté a également été nommé par le maitre de l'ouvrage et le directeur des travaux pour superviser et coordonner chacun des CRD d'une personne, assurant ainsi la cohérence de la gestion globale du projet.

Comité de Règlement des Différends Ad Hoc

Dans ce modèle, le CRD n'est pas établi avant que le projet ne soit significativement avancé, voire achevé. Ce modèle est souvent mis en œuvre dans un effort de réduire les coûts. Toutefois, le CRD ad hoc sacrifie l'avantage significatif des réunions régulières avec les parties et des visites sur site du projet, permettant ainsi au CRD d'aider rapidement les parties à prévenir les différends et/ou à les régler à l'amiable.

Le CRD ad hoc supprime également les possibilités pour les membres du CRD d'établir des relations et une crédibilité avec les parties, facteur important pour faciliter le règlement des différends. En règle générale, le DRBF ne recommande pas l'utilisation de CRD ad hoc.

Comités de Règlement des Différends FIDIC et CCI

FIDIC

Les contrats FIDIC utilisent certains types de CRD, tels que le DAB et le DAAB, sur la base de dispositions contractuelles spécifiques. Voir Chapitre 9 pour plus de détails.

CCI

Les règles de la CCI donnent aux parties le choix entre trois sous-types de CRD, chacun se distinguant en cas de différend formalisé par la nature de la décision rendue à la suite la saisine. Les trois sous-types sont:

- « Dispute Adjudication Board » (DAB) qui rend des décisions qui doivent être respectées immédiatement.
- « Dispute Review Board » (DRB) qui émet des recommandations qui ne lient pas immédiatement les parties. Cependant, les recommandations deviennent obligatoires si aucune partie ne s›y oppose dans les 30 jours.
- « Combined Dispute Board » (CDB) qui offre une solution intermédiaire entre un DRB et un DAB. Un CDB émettra généralement des recommandations. Mais il peut également rendre des décisions si une partie le demande ou si le CDB le décide sur la base des critères énoncés dans le règlement CCI.

Chapitre 8

Bonnes pratiques pour les documents contractuels

Ce chapitre est destiné à servir de guide pour l'établissement des documents contractuels clés utilisés pour établir et faire fonctionner avec succès des CRD.

Étant donné que différentes formes de dispositions contractuelles d'Accord de CRD sont largement répandues dans le monde, ce chapitre se concentre sur les principes généraux de «bonnes pratiques» relatives à la documentation pour les Accord de CRD.

Par exemple, de nombreux projets internationaux utilisent les contrats FIDIC (voir Chapitre 9) qui incluent des dispositions relatives à la mise en place du CRD, des conditions requises pour un Accord de CRD et des règles de procédure relatives au rôle et à l'autorité du CRD.

Les contrats afférents à certains projets peuvent spécifier l'utilisation de règles et procédures institutionnelles pour les CRD (telles que celles publiées par la CCI, CIArb, etc.). Certains maitres de l'ouvrage, tels que les autorités de transport public qui sont des utilisateurs importants des CRD *[NDLR : aux Etats-Unis]*, ont développé des modèles personnalisés d'Accord de CRD afin de s'adapter aux modalités de gouvernance de leurs projets.

Dans tous les cas, la documentation d'un projet comprendra une Clause de Résolution des Différends qui établira un régime global de règlement des Différends, ainsi que le rôle et la fonction du CRD dans la structure de gouvernance du projet.

Les détails des modalités du CRD sont exposés dans 3 documents :

- Les Conditions du CRD
- L'Accord de CRD
- Les Règles du CRD/Procédures de Fonctionnement

Dans de nombreux pays en dehors de l'Amérique du Nord, les Conditions du CRD sont incorporés soit dans l'Accord du CRD, soit dans les Règles / Procédures de Fonctionnement. Les bonnes pratiques pour le contenu de chacun de ces documents, nécessaires pour l'établissement d'un CRD dans un projet, sont décrites dans les sections suivantes.

Clause de Résolution des Différends

La clause de Résolution des Différends (RD) indique le processus selon lequel les réclamations contractuelles et les différends sont traités. Il existe différentes écoles de pensée sur le degré de précision de la clause de RD. Certains préfèrent que la clause de RD soit simple, avec des délais relativement courts pour chaque étape, de sorte qu'une réclamation ou un différend puisse être réglé rapidement ou présenté au CRD en temps réel.

D'autres préfèrent que la clause de RD agisse en tant que filtre - offrant de multiples possibilités de résoudre la réclamation ou le différend à des niveaux croissants de gestion du projet (y compris le CRD dans son rôle de conseiller), avant d'être officiellement référé au CRD pour décision. Ce dernier processus, qui comporte plus d'étapes, prend plus de temps et nécessite plus de ressources de la part des parties, mais peut aboutir en fin de compte à ce qu'un moins grand nombre de différends entre les parties soient soumis au CRD.

Indépendamment du type spécifique de clause de RD dans un contrat pour le projet, elle comprendra généralement :

- Des dispositions relatives aux notifications, précisant quand et comment doit être notifié une réclamation ou un différend potentiel.
- Des dispositions relatives aux justifications à fournir par le demandeur à l'appui de sa/ses réclamations(s).
- Un processus d'évaluation et de négociation des réclamations au cours duquel les parties présentent des observations et échangent des informations.
- Un point d'arrêt pour l'acceptation ou le rejet de la réclamation entre les parties.

- En cas de rejet, le processus d'examen approfondi et de détermination de la réclamation. Cela peut inclure des étapes de revue supplémentaires au niveau de la gestion de projet ou un processus de saisine spécifique du CRD.
- Un calendrier pour tout ce qui précède.
- Bien que la rédaction de la clause de RD dépasse le cadre de ce guide, il est important de noter clairement dans la clause de RD ce qu'il faut faire pour déclencher le processus du CRD, quels délais s'appliquent à chaque étape et comment le processus du CRD s'inscrit dans le système global de résolution des différents du projet. L'attention portée à ces questions minimisera les différends sur des questions de procédure.

Les Conditions du CRD

Les Conditions du CRD définissent les exigences du processus de CRD, en ce qui concerne notamment la création du CRD, la sélection et la nomination des membres du CRD et la responsabilité des membres du CRD dans leurs rôles de prévention et de résolution des différends.

Les Conditions du CRD doivent clairement délimiter le rôle et les compétences du CRD, d'une manière qui permette au CRD de conserver une approche souple à la fois de la prévention et du règlement des différends.

Au stade critique où des problèmes surviennent ou lorsque les parties sont déjà en litige, il est important que le CRD dispose d'une autorité forte et claire qui puisse lui permettre d'adopter une attitude ferme à la fois pour la prévention et le règlement des différends. Dans le traitement d'un différend, le CRD doit être habilitée à déterminer sa propre compétence et à établir ses propres procédures

Dispositions Recommandées à Inclure dans les Conditions du CRD :
- L'obligation pour les deux parties d'établir le CRD.
- La composition du CRD, qu'il s'agisse d'un CRD à une ou trois personnes.
- Les qualifications requises pour les membres du CRD.
- L'obligation de divulgation et les règles de conflit d'intérêts.
- Le processus par lequel les parties sélectionnent, désignent et engagent les membres du CRD.

- Un mécanisme de désignation en cas d'échec des parties à désigner un membre du CRD.
- L'engagement des membres du CRD à 'adhérer au Code de Conduite Ethique de la DRBF.
- Le Rôle du CRD dans la prévention des litiges, comme assister à des réunions de projet et faire des visites de sites régulières, et la possibilité de donner des conseils ou des opinions informels.
- Le Rôle du CRD (le cas échéant) pour faciliter les négociations ou réaliser une médiation entre les parties.
- Le Rôle et le processus du CRD dans la saisine, le traitement et la résolution de tout différend soumis pour recommandation ou décision.
- Les responsabilités des parties une fois qu'une recommandation ou une décision relative au différend est rendue.
- Le processus de traitement d'un différend si une partie demeure insatisfaite après la conclusion du processus du CRD, avec des étapes et des délais spécifiés.

L'Accord du Comité de règlement des Différents

L'Accord de CRD est un accord de prestations de services professionnel qui établit le rôle, l'autorité et les obligations des membres du CRD et des parties contractantes (maitre de l'ouvrage et entrepreneur) au moyen d'un accord contractuel tripartite spécifique. Il s'agit généralement d'un document distinct signé par chacun des membres du CRD et par les deux parties avant la création du CRD et son démarrage.

Mise en Garde

Il est recommandé aux membres du CRD de lire attentivement le projet d'Accord de CRD avant de le signer et de porter à l'attention des parties toutes dispositions manquantes, incohérentes ou ambiguës, afin qu'elles puissent être corrigées ou clarifiées avant la conclusion. La même attention devrait être accordée aux Conditions du CRD proposées et aux Règles/Procédures du CRD, afin de s'assurer que tous ces documents soient cohérents et acceptables pour les membres du CRD.

- Préambule : une liste des parties contractantes et un aperçu de l'objet et de l'utilisation de l'Accord de CRD
- Obligations des parties
  - Exigences de divulgation
  - Prévention des conflits d'intérêts
  - Confidentialité
  - Conformité au Code de Conduite Ethique de la DRBF
  - Communications du CRD
  - Procédures du CRD
- Portée du rôle du CRD
  - Objet et autorité du CRD
  - Renvois aux Conditions du CRD et aux Règles/Procédures du CRD
- Responsabilités du maitre de l'ouvrage
  - Soutien du maitre de l'ouvrage au processus du CRD, bonne foi et coopération mutuelle
- Responsabilités de l'entrepreneur
  - Soutien de l'entrepreneur au processus du CRD, bonne foi et coopération mutuelle
- Frais et dépenses
  - Barème des honoraires et frais du CRD
  - Modalités de facturation
  - Responsabilité du paiement
- Durée et résiliation
  - Durée effective de l'Accord du CRD
  - Processus de démission, de révocation et de remplacement du CRD
- Dispositions légales/administratives
  - Statut de contractants indépendants des membres du CRD
  - Responsabilité et indemnisation des membres du CRD
  - Loi applicable
  - Notifications/ communications

Procédures de Fonctionnement du Comité de Règlement des Différends

Les Règles / Procédures de Fonctionnement du CRD définissent les règles et procédures convenues par les membres du CRD et les parties. Ces règles et procédures comprennent souvent des détails tels que les modalités de réunion, les protocoles de communication, les techniques de prévention des différends, les exigences relatives à la conduite d'une audience et les fonctions et modalités de prise de décision du CRD.

Les Règles et Procédures doivent être cohérentes avec la documentation du CRD, telle que la clause RD, les Conditions du CRD et l'Accord de CRD.

Les règles et procédures doivent également être souples afin de pouvoir être modifiées de temps à autre par accord entre les membres du CRD et les parties pour refléter les besoins et les circonstances propres au projet. Afin de conserver la souplesse voulue, il est recommandé que les règles et procédures soient adoptées de manière informelle par examen et consensus entre le CRD et les parties, plutôt que de les incorporer en tant que document contractuel.

Dispositions Recommandées à Inclure dans les Règles / Procédures de Fonctionnement du Comité de Règlement des Différends :

- Déclaration générale sur l'objet
  - Application des règles et procédures
  - Lien avec l'Accord de CRD
- Informations sur le projet à mettre à la disposition des membres du CRD
  - Un jeu complet des documents du projet
  - Transmission en temps opportun des informations importantes (rapports mensuels, etc.) préparées pendant le projet
- Réunions du CRD et visites de sites
  - Déroulement et fréquence des réunions du CRD
  - Calendrier des visites régulières du site
  - Représentation et participation aux réunions du CRD et aux visites de sites
  - Ordre du jour des réunions, résumés des réunions et/ou rapports de visite sur place
- Communications
  - Partage des informations ouvert et transparent entre les parties et le CRD
  - Limitations concernant les communications individuelles entre les membres du CRD et les représentants des partis

- ○ Désignation d'un point de contact pour les communications avec le CRD et la transmission d'informations et de documents
- Prévention des différends
  - ○ Prévention des différends grâce à une identification en amont des problèmes potentiels et aide informelle du CRD
  - ○ Techniques de prévention des différends telles que les avis consultatifs, les réunions accompagnées, etc.
- Résolution des Différends
  - ○ Saisine du CRD pour un différend
  - ○ Calendrier des remises des mémoires des parties
  - ○ Observations et réponses écrites des parties
  - ○ Audiences du CRD
  - ○ Recommandations et/ou décisions du CRD
  - ○ Acceptation ou rejet des recommandations/décisions du CRD

Il convient de noter que, si le processus formel de règlement des différends est inclus dans les Conditions du CRD, il n'est pas nécessaire de les reproduire dans les Règles/Procédures de fonctionnement du CRD.

Chapitre 9

Les Comités de Règlement des Différends dans les Contrats FIDIC

FIDIC signifie Fédération International des Ingénieurs-Conseils. Il s'agit d'un groupe de coordination basé à Genève, composé d'environ 100 associations nationales d'ingénieurs-conseils. L'organisation a été fondée en 1913 dans le but de promouvoir l'excellence dans la gestion de l'ingénierie, y compris par une étude approfondie et la publication de guides des meilleures pratiques de l'industrie.

FIDIC publie également des guides de passation des marchés et, depuis 1957, a fourni des modèles internationaux de contrats-types de construction, qui sont devenus des standards mondiaux. Ces modèles de contrats FIDIC sont largement utilisées par les Banques Multilatérales de Développement (MDB), les autorités gouvernementales et les parties privées dans de nombreux pays. En raison de cette large utilisation, ce chapitre utilisera les termes mis en majuscules dans les documents FIDIC et que FIDIC met systématiquement en majuscule, en s'écartant du style utilisé ailleurs dans ce manuel pour la plupart des références similaires.

Depuis de nombreuses années, FIDIC a adopté des dispositions de règlement des litiges innovantes dans ses contrats types. La synergie entre la DRBF et FIDIC remonte au début des années 1980 avec la mise en œuvre du premier CRD international dans le cadre du projet de barrage d'El Cajón et de centrale hydroélectrique au Honduras financés par la Banque Mondiale. À cette époque, la Banque Mondiale utilisait déjà des modèles de contrats types FIDIC dans ses Documents d'Appel d'Offres Standard.

FIDIC publie actuellement des modèles de contrat standard adaptés aux différentes méthodes de passation de marchés et de types de construction. Les modèles les plus connus sont connus sous le nom de «Suite Arc-en-Ciel» :

- **Le Livre Rouge (the Red Book):** *Conditions de Contrat applicable aux Travaux de Construction*

- **Le Livre Jaune (the Yellow Book):** *Conditions de Contrat pour la Conception-Construction*
- **Le Livre Argent (the Silver Book):** *Conditions de Contrat pour les Projets EPC/Clé en Main*

Les utilisateurs actuels des modèles FIDIC sont probablement familiers des éditions 1999 de la Suite Arc-en-Ciel et des nouvelles versions de la Suite Arc-en-Ciel publiées en 2017. En coopération avec les MDB, FIDIC a publié une version personnalisée du Livre Rouge, avec des éditions ultérieures en 2006 et 2010, connu sous le nom de Livre Rose (the Pink Book)». Il existe également un autre modèle «Conditions de Contrat pour la Conception, la Construction et l'Exploitation de Projets», publié en 2008 et connu sous le nom de Livre Or (the Gold Book).

En raison de l'introduction de conditions pour les CRD dans tous les modèles FIDIC depuis 1992, et de leur reprise par les MDB, ces contrats sont devenus la colonne vertébrale du développement international des CRD. Historiquement, FIDIC a utilisé le terme de «Dispute Adjudication Board» (DAB) (Comité de Règlement des Différents) pour décrire le processus de CRD, sauf dans l'édition MDB qui utilisait le terme préféré du DRBF «Dispute Board» (DB) (Comité des Différends). Les contrats FIDIC 2017 utilisent désormais le terme «Dispute Avoidance/Adjudication Board» (DAAB) (Comité de Prévention et de Règlement des Différends).

En 1999, La Suite Arc-en-Ciel faisait la distinction entre les contrats de conception-construction (Livres Jaune et Argent) et les contrats dans lesquels la conception était prise en charge par le maitre de l'ouvrage (Livre Rouge). Un CRD permanent était inclus dans ce dernier, et des CRD ad hoc étaient inclus dans les premiers. Cependant, dans la Suite Arc-en-Ciel 2017, les trois modèles de contrats standards ont adopté des CRD permanents.

La DRBF recommande l'utilisation de CRD permanents par opposition aux modèles ad hoc et se félicite de ce changement dans les éditions de 2017 - car il permet désormais aux CRD de réaliser des mesures de prévention des différends dans les projets en conception-construction et EPC/Clefs en main (Engineering, Procurement and Construction) comme cela est prévu dans les modèles de contrat applicables aux travaux de construction.

Le Livre Or prévoit un CRD permanent pendant la période de conception-construction, qui est remplacé par un CRD permanent d'une personne pour une durée de cinq ans, période renouvelable par accord entre les parties et le membre du CRD.

Les Contrats de la Suite Arc-en-Ciel 1999 comportent 20 articles et suivent une structure standard. Les articles portent sur les sujets suivants :

- Article 1 : Dispositions Générales
- Articles 2-5 : Le rôle des Parties, de l'Ingénieur et des Sous-Traitants Désignés
- Articles 6-7 : Main d'œuvre, Installations Industrielles et Matériaux
- Article 8 : Questions relatives aux délais
- Articles 9-11 : Achèvement et Responsabilités pour Vices
- Articles 12-14 : Questions financières.
- Articles 15-16 : Dispositions relatives à la résiliation
- Articles 17-19 : Risques, Assurances et Force Majeure
- Article 20 : Réclamations, Différends et arbitrage

Dans l'Article 20, FIDIC a adopté un mécanisme de règlement des différends à trois niveaux. Dans un premier temps, l'administrateur du contrat, appelé «Ingénieur», doit rendre une décision équitable. Aux termes des contrats FIDIC, la décision de l'Ingénieur doit refléter sa propre évaluation et sa détermination du différend, indépendamment de la position du maitre de l'ouvrage.

La procédure de CRD est ensuite la deuxième étape du mécanisme. Un CRD FIDIC mènera un processus équitable sur le plan de la procédure et rendra une décision contraignante mais non définitive sur le différend (voir Chapitres 14 à 17). La troisième étape est l'arbitrage, la Chambre de Commerce Internationale (CCI) étant désignée comme organisme d'arbitrage par défaut.

Dans les éditions 1999 des contrats FIDIC, les dispositions gérant les CRD sont incluses dans l'Article 20 (Réclamations, Litiges et Arbitrage).

Les sous-articles clés de l'Article 20 énoncent les détails du processus du CRD et sont décrits ci-dessous. Les modèles standards FIDIC incluent également un modèle d'Accord Constitutif du CRD avec un ensemble de Règles de Procédures applicable au CRD.

Sous-Article 20.2
Désignation du Comité de Règlement des Différends

Les dispositions suivantes régissent la nomination du CRD conformément au Sous-article 20.2

Le CRD comprend un ou trois membres selon ce qui est stipulé dans l'Annexe à l'Appel d'Offres. Si l'Annexe à l'Appel d'Offres est silencieuse, le CRD comprendra trois membres. Dans le cas des CRD permanents du Livre Rouge de 1999, le CRD doit être nommé dans les 28 jours suivant la délivrance de la Lettre d'Acceptation de l'entrepreneur par le maitre de l'ouvrage. Dans le cadre des CRD ad hoc des Livres Jaune et Argent, le CRD n'est nommé qu'après la survenance d'un différend.

Conformément à la procédure indiquée, lorsqu'il s'agit d'un CRD à trois membres, chaque partie désigne un membre du CRD pour approbation par l'autre partie. Une partie peut rejeter la personne candidatée par l'autre partie à sa discrétion et sans expliquer les raisons de son rejet. Une fois que les deux co-membres du CRD ont été désignés par accord des deux parties, les parties et les deux co-membres choisissent le Président du CRD par voie de consultation. Dans le cas d'une CRD unipersonnel, la personne est sélectionnée par consultation et accord entre les parties.

Le Sous-article 20.2 prévoit une option pour inclure une liste des membres potentiels et qui est définie au stade de l'appel d'offre en tant que pièce jointe au contrat. Dans la Suite Arc-en-Ciel 2017, FIDIC a fait de la liste des membres potentiels du CRD annexé au contrat une procédure par défaut plutôt qu'une simple option.

Sous-Article 20.3
Échec de la Désignation du Comité de Règlement des Différends

Si les parties ne parviennent pas à s'entendre sur la nomination des membres du CRD, le Sous-article 20.3 définit une procédure de recours à une «entité de nomination». L'entité de nomination doit être spécifiée dans l'Annexe à l'Appel d'Offres. Les entités institutionnelles les plus couramment désignées sont le Président de la FIDIC et la CCI. FIDIC tient à jour et publie une liste des adjudicateurs accrédités (membres du CRD) certifiés par examen.

La procédure prévue au Sous-article 20.3 est également applicable si les parties ne parviennent pas à s'entendre sur le remplacement d'un membre du CRD qui ne peut plus agir en raison d'un décès, de maladie, de démission ou de révocation de sa nomination. Dans les deux cas, l'entité investie du pouvoir de nomination s'efforce de consulter les deux parties et la nomination qui s'en suit est considérée comme «définitive et concluante». FIDIC et la CCI facturent des frais pour ces nominations qui sont partagés également à part égale entre les parties.

Dans les versions 1999 de la Suite Arc-en-Ciel, aucune disposition ne permet à une partie de contester la position d'un membre du CRD en exercice. Cependant, dans les éditions de 2017, FIDIC permet désormais à une partie de soulever une contestation pour conflit d'intérêts (voir Chapitre 5) contre un membre du CRD en exercice, selon une procédure administrée par la CCI.

Sous-Article 20.4
Obtention de la Décision du Comité de Règlement des Différends

En dépit des meilleurs efforts d'un CRD pour éviter les différends, chaque partie peut décider de référer formellement un différend au CRD, conformément au Sous-Article 20.4, pour l'obtention d'une décision contraignante.

Le CRD est alors tenu de fixer un calendrier procédural et de rendre sa décision dans les 84 jours suivant la réception de la saisine. Une prolongation de la période de 84 jours n'est possible qu'avec l'accord des deux parties. En conséquence, le CRD devra s'efforcer d'accélérer la procédure. En vertu des Règles de Procédure du Livre rouge, le CRD peut adopter diverses procédures adaptées au différend.

En vertu des Règles de Procédure, le CRD doit agir de manière équitable et impartiale et veiller au respect d'une procédure régulière.

Accord du Comité de Règlement des Différends

Tous les contrats FIDIC comprennent un modèle d'Accord de CRD (comprenant un ensemble de Conditions Générales) et un ensemble de Règles de Procédure applicables au CRD. Les principales dispositions pour les membres du CRD et pour les parties qui sont à noter sont les obligations générales du CRD au titre des Conditions Générales, Article 4 et les pouvoirs du CRD au titre de la Règle de Procédure 8. La rémunération du CRD est couverte par les Conditions Générales, Article 6.

Les obligations des membres du CRD au titre des **Conditions Générales, Article 4** incluent :

- L'absence de lien financier avec les Parties ou l'Ingénieur.
- L'absence d'emploi ou de rôle de consultant antérieur auprès d'une des parties exceptés ceux révélés avant sa confirmation.
- L'absence de relation antérieure professionnelle ou personnelle avec un employé d'une partie ou de l'Ingénieur ou d'implication antérieure quelconque dans le projet.
- Ne pas être employé en tant que consultant ou sous d'autres aspects par l'une des parties ou par l'Ingénieur.
- Se conformer aux Règles de Procédure ainsi qu'aux dispositions du Sous-article 20.4 des conditions du contrat de travaux.
- Ne pas donner d'avis à moins que cela ne soit demandé par les deux parties.
- Ne pas discuter d'un emploi futur avec l'une des parties ou l'Ingénieur.

- Se tenir disponible pour des visites de site ou des audiences.
- Se familiariser avec les dispositions du contrat de travaux et se tenir informé du déroulement des travaux.
- Traiter toutes les activités du CRD de manière confidentielle. Toute divulgation devra avoir obtenu l'accord écrit des 2 parties et des autres membres du CRD.
- Être disponible pour donner un avis ou une opinion quand il en est requis par les 2 parties.

Les pouvoirs du CRD au titre de la **Règle de Procédure 8** incluent de :

- Déterminer la procédure à appliquer au règlement d'un différend.
- Décider de la compétence propre au CRD et de la portée du différend qui lui est soumis.
- Tenir les audiences qu'il estime appropriées, en accord avec les Règles de Procédure.
- Prendre les initiatives nécessaires à la détermination des faits qu'une décision nécessite.
- Utiliser ses propres connaissances de spécialiste en la matière.
- Décider du paiement de frais financiers.
- Décider de toute mesure temporaire ou conservatoire.
- Prendre connaissance, examiner et réviser tout certificat, constatation, instruction, opinion, ou évaluation de l'Ingénieur.

L'Article 6 des Conditions Générales stipule les conditions de rémunération des membres du CRD, y compris les dispositions relatives à une provision forfaitaire et aux honoraires journaliers (voir Chapitre 11).

La provision forfaitaire couvre, moyennant un préavis de 28 jours, le maintien de sa disponibilité pour toutes visites de site et audiences, le temps de lecture entre les visites de site et tous les frais de secrétariat et frais généraux du membre du CRD.

Les honoraires journaliers couvrent tout le temps consacré aux visites de site, y compris jusqu'à deux jours par déplacement dans chaque direction et tout le temps consacré pour donner suite à une notification formelle d'un différend pour que le CRD rende une décision, ou réponde à une demande d'avis ou d'opinion.

Les frais de voyage sont remboursés à prix coûtant ; cependant, les billets d'avion et la provision forfaitaire doivent être payés trimestriellement en avance. Il est important de noter que les taxes prélevées sur les services du membre du CRD dans le pays où le projet est situé sont à la charge des parties, à condition que le membre du CRD ne soit pas un résident fiscal de ce pays.

Le paiement aux membres du CRD est généralement effectué par l'entrepreneur, qui à son tour inclut une demande de remboursement du maitre de l'ouvrage pour la moitié du paiement dans ses certificats de paiement mensuels. L'entrepreneur et le maitre de l'ouvrage sont solidairement responsables du paiement des factures du CRD.

Certaines modifications importantes ont été apportées aux dispositions ci-dessus dans les éditions 2017 de la Suite Arc-en-Ciel, notamment :

- Les membres du CRD doivent facturer à chaque partie 50% de leur provision forfaitaire et de leur honoraire journalier ; cependant, il existe une option pour l'entrepreneur de rester le payeur (comme dans les éditions 1999).
- L'Accord de CRD est réputé signé dans les cas où le CRD est nommé par une autorité de nomination et qu'une des parties n'est pas coopérative.
- La loi applicable à l'Accord de CRD est stipulée comme étant la loi du Contrat.

Visites de Site

Selon la Règle de Procédure 1, un CRD permanent doit planifier des visites sur site tous les 70 à 140 jours, en fonction du stade d'avancement de la construction.

La plupart des projets utilisant des modèles de contrat FIDIC auront au moins un membre du CRD international, et les visites de site se dérouleront généralement sur deux à quatre jours dans le pays où le projet est situé. En raison des distances à parcourir, il est courant de planifier les audiences des questions litigieuses en même temps qu'une visite du site et une réunion ordinaire du CRD pour économiser sur les frais de déplacement.

Pour les CRD situées dans des endroits éloignés, les membres internationaux des CRD arriveront généralement dans une grande ville proche du projet la veille de la visite du site et seront transférés sur le site du projet le premier jour de la visite. Un programme type comprendra de brèves présentations par l'Ingénieur de l'avancement du projet et une visite physique du site. Le temps restant le premier et au deuxième jour sera consacré aux échanges sur les sujets de préoccupation, les parties et l'ingénieur répondant aux questions du CRD.

Dans leur rôle de prévention des différends (voir Chapitre 13), les membres du CRD doivent encourager les parties à prendre des mesures immédiates sur les problèmes qui nuisent ou peuvent nuire au calendrier du projet ou qui comportent un risque d'augmentation des coûts. Le CRD peut également proposer d'émettre des avis sur toute question qu'il juge approprié.

En vertu des Règles de Procédure applicables aux CRD permanents, le CRD est tenu de préparer un rapport de visite du site avant de quitter le site. Il est courant de réserver le troisième jour d'une visite pour la préparation et la discussion du rapport de visite du site avant le départ des membres du CRD.

Étant donné que le CRD, les parties et l'Ingénieur peuvent chacun avoir à voyager plusieurs heures jusqu'au site et peuvent loger dans les mêmes hôtels, les membres du CRD doivent accorder une attention particulière aux dispositions logistiques, pour éviter qu'un des membres du CRD ne soit dans une situation compromettante si il doit voyager ou passer du temps avec une seule des parties (voir Chapitre 6).

La Procédure de Règlement des Différends

Le contenu d'une saisine d'un CRD peut varier d'un peu plus qu'un exposé succinct du différend, qui doit être développé dans les 84 jours, à un exposé long et détaillé du dossier. De nombreux CRD permanents informeront les parties dès leurs désignations de la forme de présentation du différend que le CRD préfère.

Une procédure type exigera un exposé de la position de la partie adverse (défenderesse) pour sa défense dans un délai d'environ 28 à 35 jours. Mais si la saisine initiale a été soumise sous forme sommaire, la soumission d'un exposé complet de sa position par la partie demanderesse est généralement la première étape de la procédure.

Les soumissions écrites devront expliquer les faits à l'origine du différend et les arguments juridiques et contractuels respectifs à l'appui de la demande et de la défense. Les soumissions écrites (voir Chapitre 15) doivent être accompagnées de pièces justificatives des faits invoqués et d'une analyse du calendrier en cas de retard. Les soumissions écrites doivent également exposer les positions des parties sur l'évaluation du différend.

Dans un court délai après réception de la saisine, le CRD devra demander aux parties si elles souhaitent une audience. Si tel est le cas, cette étape doit être intégrée dans le calendrier procédural et la procédure d'audience doit également être discutée (voir Chapitre 16). Il est recommandé qu'une audience, le cas échéant, ait lieu au plus tard le 60éme jour à compter du début du délai contractuel de 84 jours pour rendre une décision, afin de laisser au CRD suffisamment de temps pour délibérer et préparer la décision après l'audience.

En vertu des Règles de Procédure, le CRD peut conduire l'audience comme il le souhaite et peut adopter une procédure inquisitoire, qui est courante dans les pays de droit civil. Le CRD peut refuser la participation à l'audience de toute personne autre que les parties et l'Ingénieur (voir Chapitre 16). Si nécessaire, le CRD peut procéder en l'absence d'une partie (ex parte), à condition que la partie absente ait été informée de la date, de l'heure et du lieu de l'audience et ait eu toutes les chances raisonnables d'y assister. En vertu des Règles de Procédure, le CRD ne doit exprimer aucune opinion sur le fond de l'affaire lors des audiences.

La décision du CRD doit être motivée et, conformément au Sous-article 20.6, elle sera recevable en arbitrage, bien que les membres du CRD ne puissent pas être appelés à témoigner. La décision du CRD lie immédiatement les parties et doit être exécutée à moins qu'elle ne soit modifiée, et jusqu'à ce qu'elle soit modifiée, soit par un accord amiable entre les parties soit par une sentence arbitrale ultérieure.

Si l'une des parties n'est pas d'accord avec la décision du CRD, il est important que cette partie envoie un avis de désaccord à ŀautre partie dans les 28 jours afin de préserver le droit de la partie en désaccord de commencer un arbitrage à une date ultérieure. Le fait de ne pas émettre un tel avis aura généralement pour conséquence que la décision du CRD deviendra définitive et contraignante et entrainera pour la partie insatisfaite la perte de son droit de recourir à l'arbitrage.

Si un avis de désaccord a été émis, les dispositions du contrat FIDIC ne fixent pas de délai pour commencer l'arbitrage ; cependant, le délai de prescription en vertu de la loi applicable s'appliquera.

Si une partie ne se conforme pas à la décision du CRD, l'autre partie peut engager une procédure d'arbitrage. Il est habituel que le demandeur demande ensuite au tribunal arbitral de rendre d'abord une sentence partielle obligeant la partie défaillante à se conformer à la décision du CRD à titre préliminaire avant que le tribunal n'examine au fond le dossier de la partie défaillante.

Pour différentes raisons, les tribunaux arbitraux refusent parfois une demande d'émettre de telles ordonnances «payer maintenant, argumenter plus tard». Un avis juridique est essentiel avant d'entamer l'arbitrage afin que la partie insatisfaite soit consciente des risques de poursuivre au-delà du CRD.

Les Editions 2017 de la Suite Arc-en-Ciel

Les Editions 2017 de la Suite Arc-en-Ciel incluent les clarifications et ajouts suivants au processus de règlement des différends décrits précédemment :

- Si le CRD a des inquiétudes concernant des retards ou un défaut de paiement de ses missions, il peut suspendre la publication de la décision en attendant le paiement de ses honoraires et dépenses. Cela n'était auparavant autorisé que dans les éditions 1999 des Livres Jaune et Argent.

- Les Edition 2017 précisent qu'une partie peut donner un avis partiel de désaccord. Dans ce cas, la partie de la décision qui ne fait pas l'objet de la notification devient définitive et contraignante.
- Un nouveau Sous-article 21.7 (Non-respect de la décision du DAAB) a clarifié le pouvoir du tribunal arbitral d'ordonner à une partie défaillante de se conformer à une décision du CRD avant de procéder au fond. Cependant, une loi applicable impérative peut restreindre ce pouvoir dans certaines juridictions.
- En vertu de la nouvelle Règle de Procédure 8, le CRD peut désormais corriger les erreurs de calcul et typographiques (sous certaines conditions) après la publication de la décision du CRD.

Avis Consultatif

En plus d'utiliser les réunions et visites sur site régulières pour stimuler la discussion sur la façon de résoudre les problèmes et les réclamations avant qu'ils ne deviennent des différents formels, le CRD peut émettre des avis consultatifs écrits et donner des opinions dans des circonstances et conditions spécifiques.

Dans de nombreux pays, les parties jugent utile de profiter de ce pouvoir du CRD de donner des opinions et des avis non contraignants. Les deux parties sont toutefois tenues de faire une demande écrite au CRD avant qu'il ne soit autorisé à utiliser cette option. L'utilisation de l'avis consultatif est également recommandée par la DRBF comme mécanisme efficace de prévention des différends (voir Chapitre 13). Le pouvoir du CRD d'émettre des avis et de donner des opinions se trouve dans les dispositions suivantes de l'édition 1999 du FIDIC Livre Rouge :

- *Sous-article 20.2 (Désignation du Comité de Règlement des Différends)* : si les Parties en sont d'accord, elles peuvent conjointement saisir le CRD d'une question afin d'obtenir son opinion.
- *Article 4(k) de l'Accord de CRD :* Un membre du CRD est prêt à formuler un avis et ou une opinion sur tout sujet s'il en est requis par les 2 parties.

- *Article 2 de l'Accord de CRD (Livre Rose uniquement) :* Le CRD doit s'efforcer d'éviter que les problèmes ou réclamations éventuels ne deviennent des différends.

Bien qu'elles ne modifient pas le rôle actuel du CRD, les Editions 2017 de la Suite Arc-en-Ciel ont clarifié et souligné l'importance de ces techniques de prévention des différends. Le Sous-article 21.3 (Prévention des Différends) et la Règle de Procédure 2 fournissent une description élargie des pouvoirs de prévention des différends attribués au CRD.

Dans de nombreux pays, l'utilisation des avis consultatifs s'est avérée efficace. Lorsque la prévention des différends est encouragée par le CRD et largement pratiquée, les taux de résolution des différends sont élevés et significatifs en termes de bénéfice de temps et de coût pour le projet.

Les membres de CRD signalent que le succès relatif du processus d'avis consultatif peut être dû au fait que les parties ont toutes les deux accepté de soumettre le sujet au CRD pour avis ou opinion, ce qui indique un désir mutuel de résoudre le différend à l'amiable. Il y a aussi l'effet de «back-stop» (dernier recours), étant donné que le CRD conserve son pouvoir de rendre une décision si le différend se poursuit et qu'une partie juge nécessaire de présenter une saisine formelle.

Bien que le CRD ait le droit de modifier son opinion s'il doit rendre une décision contraignante, de nombreuses parties considèrent à juste titre l'opinion du CRD comme une occasion d'évaluer la faiblesse et la force de leurs positions respectives et les chances de succès si l'affaire devait être poursuivie au niveau suivant.

Fin du Comité de Règlement des Différends

Il existe plusieurs modalités pour que le mandat du CRD expire ou pour qu'il soit mis fin au CRD selon les modèles de contrat FIDIC :

- Le CRD peut être révoqué par les deux parties avec un préavis de 42 jours. Toutefois, une seule partie agissant seule ne peut pas révoquer le membre du CRD qu'il a nommé, ni le CRD dans son ensemble.

- Le CRD peut également être révoqué par l'émission d'une «décharge» signée par l'entrepreneur après l'accord sur le Décompte Final, qui intervient après la fin de la période de Garantie des Vices (Sous-article 14.12).

- Un membre du CRD peut démissionner avec un préavis de 70 jours. Cette période a été réduite à 28 jours dans les Editions 2017 de la Suite Arc-en-Ciel, au titre du 10.1 des Conditions Générales de l'Accord de CRD.

- Au titre des Livres Jaunes et Argent 1999, le mandat des CRD ad hoc expire après la publication de la décision du CRD, à moins qu'une nouvelle saisine ne soit déposée avant que la dernière décision ne soit rendue. Cela a posé des difficultés dans les cas où une partie souhaitait soumettre une nouvelle saisine après l'expiration du mandat du CRD ad hoc, car il n'est pas rare qu'au moins une des parties refuse de renommer le CRD initial. Par conséquent, en raison de ces difficultés, les parties peuvent modifier les dispositions d'expiration du CRD dans l'Accord de CRD pour permettre au CRD d'être mis en attente entre les décisions. Ces modifications comprennent généralement des précisions supplémentaires selon lesquelles les membres du CRD n'auront pas droit à la provision forfaitaire et que l'expiration du mandat du CRD est liée à l'émission de la décharge.

Chapitre 10

Les Comités de Règlement des Différends dans les Contrats de Partenariat Public-Privé

Un Partenariat Public-Privé (PPP) est un projet public, pour le compte de l'état où le développement, la construction et / ou l'exploitation du projet sont financés par un financement privé (capitaux propres ou dettes ou les deux). Dans certains pays, l'acronyme PPP est réduit à «P3».

Les PPP sont une modalité de plus en plus populaire pour la réalisation des infrastructures et des grands projets de développement à travers le monde. Ces projets sont typiquement mis en œuvre pour réaliser des infrastructures publiques dans des secteurs tels que les transports, l'énergie et l'eau. Les projets en PPP comprennent des routes, des ponts, des tunnels, des chemins de fer, des projets hydrauliques, des ports et des aéroports.

Dans certains pays, les PPP incluent également ce qui est appelé des «projets sociaux de PPP» pour développer des structures d'hébergement dans le logement, l'éducation, le sport, la santé et les prisons. Les avantages des PPP sont qu'ils permettent de réaliser pour le secteur public des projets qui pourraient autrement être inabordables, et sont considérés comme rentables en «coût-bénéfices» à la fois pour le gouvernement et pour le grand public.

Les PPP peuvent prendre différentes formes et peuvent être observés à différents stades d'évolution dans de nombreux pays. En ce qui concerne le modèle, il existe deux types principaux - l'arrangement basé sur la disponibilité, où l'autorité publique paie au prestataire privé une redevance pour le bien ou le service ; et l'accord de concession, où le fournisseur du bien ou du service public est payé par l'utilisateur. Ces dispositions sont décrites plus en détail ci-dessous.

En résumé, un PPP peut être décrit comme un partenariat par le biais d'un accord contractuel (également connu sous le nom de contrat de concession) entre une autorité publique ou un état et un partenaire privé pour la fourniture d'un actif - que le partenaire privé finance, conçoit, construit ou réhabilite, exploite et entretient, et à partir duquel des services sont fournis au public.

Selon le type de PPP (voir ci-dessous), l'actif est payé par l'autorité publique à travers une redevance sur la durée de vie du contrat (structure de paiement basée sur la disponibilité), à partir des redevances payées par les usagers (structure de paiement basée sur la concession) ou une combinaison des deux. La caractéristique fondamentale d'un projet PPP est la fourniture d'infrastructures en «dur» ou «sociales» et / ou de services par une entité privée à une entité publique, ou en son nom.

Caractéristiques communes d'un PPP

Les caractéristiques communes d'un PPP basé sur la disponibilité et d'un PPP basé sur une concession sont les suivantes :

- La partie du secteur privé qui contracte avec le secteur public sera normalement une société à responsabilité limitée créée spécifiquement pour le projet par ses bailleurs de fonds / actionnaires et dénommée entité *ad hoc* ou Special Purpose Vehicle (SPV). Elle est souvent appelée «Société de Projet», «ProjectCo» ou «ServiceCo».
- La SPV a pour obligation de concevoir, construire ou réhabiliter, exploiter et entretenir un actif ou un élément d'infrastructure qui fournit un service au secteur public. Parfois, cela peut impliquer la reprise d'un actif existant.
- La SPV utilisera un financement privé pour financer les coûts initiaux de développement et de construction. La répartition habituelle est d'environ 80-20 ou 90-10 en faveur de la dette privée, le plus petit pourcentage provenant du financement par capitaux propres, généralement des actionnaires de la SPV. Dans les pays moins développés, ce financement peut provenir de Banques Multilatérales de Développement, ou de d'autres agences internationales de financement et de développement telles que la Banque Mondiale.
- La SPV conclura un contrat ou une série de contrats (qui sont en fait des sous-contrats) avec l'entrepreneur en conception-construction (D&B)

et le prestataire chargé de l'exploitation et de la maintenance (O&M) de l'actif. Ces contrats transfèrent la plupart des risques, que la SPV a assumé vis-à-vis de l'autorité publique (via le contrat de concession), au contractant concerné. Cette transmission ou sous-traitance des risques sera normalement exigée par les prêteurs du projet.

- Les formes de passation des marchés pour les projets PPP sont plus complexes que pour les marchés publics conventionnels en raison des services publics fournis et de la hiérarchie des contrats utilisés.
- La durée du contrat (ou période de concession) est souvent de 15 à 30 ans ou plus. Les prêteurs, en raison de la taille et de la nature à long terme de leur investissement, ont une forte influence sur la répartition du risque tout au long de la chaîne contractuelle.
- Il existe des points de friction ou des risques d'interfaces évidents au sein de ces projets, et ils constituent une raison fondamentale de l'existence et du succès des CRD dans la structure des projets en PPP.

PPP basé sur la disponibilité

Le diagramme ci-dessous indique une structure PPP basée sur la disponibilité.

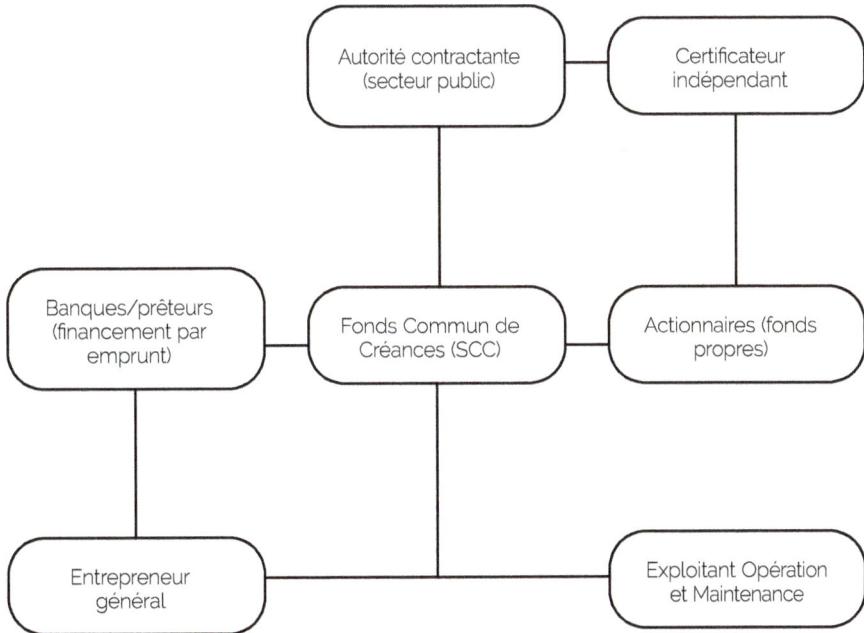

Le PPP basé sur la disponibilité présente les caractéristiques distinctes suivantes :

- La SPV perçoit une redevance périodique de la part de l'autorité contractante à partir du moment où l'actif concerné est prêt à être utilisé. C'est ce qu'on appelle souvent les redevances de disponibilité et comprendra le paiement du principal et des intérêts sur la dette, un retour sur investissement aux sponsors du secteur privé et un montant pour les services fournis.
- Les seuls revenus de la SPV sont les redevances de disponibilité. Ces redevances sont payées en fonction de la disponibilité de l'actif ou des services fournis conformément aux niveaux de service convenus contractuellement.

PPP Concession

Le diagramme ci-dessous indique une structure de PPP basée sur la concession.

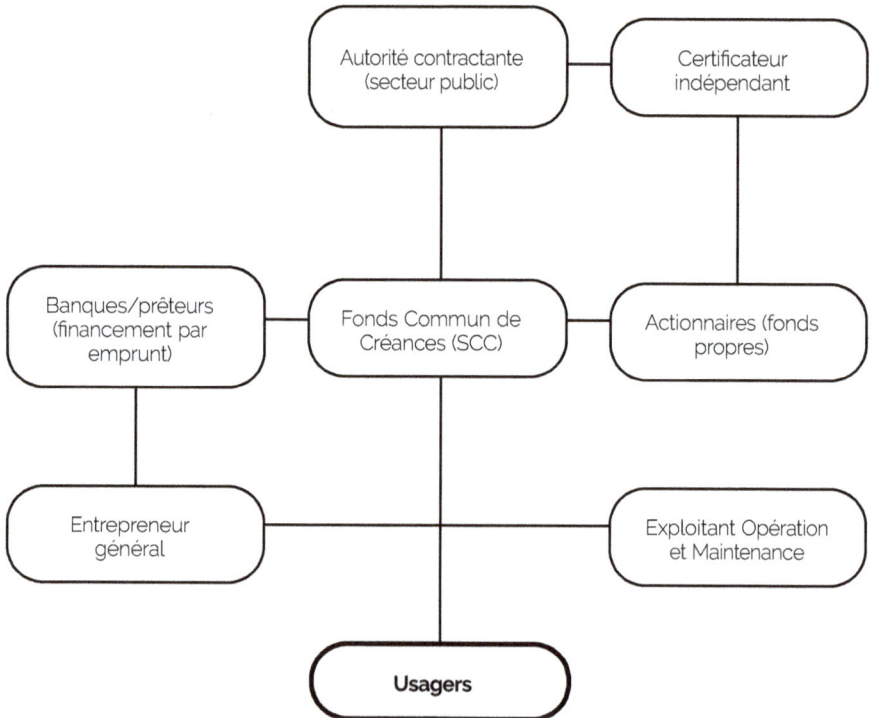

Dans les PPP de Concession, la SPV se voit déléguer la pleine exploitation des installations publiques, telles qu'une autoroute, un pont, un système ferroviaire ou un stade, pour citer quelques exemples courants. Cela implique généralement la conception, la construction ou la réhabilitation, l'exploitation et l'entretien de l'actif ou de l'infrastructure.

Les caractéristiques distinctes sont :

- La SPV est en relation directe avec les utilisateurs finaux des services. À son tour, la SPV reçoit des redevances de ces usagers pour récupérer entièrement (ou presque) son investissement. Des exemples de telles redevances sont les péages routiers, les droits d'entrée, les frais d'utilisation, etc.
- La SPV prend donc le risque que ces redevances soient suffisantes pour assurer un retour sur investissement adéquat.
- La SPV prend également le risque pendant la durée de vie du projet qu'il puisse répondre et s'adapter aux évolutions des demandes / besoins des usagers, ce qui n'est globalement pas le cas dans un PPP basé sur la disponibilité.

Prévention et Règlement des Différends dans les PPP

Dans un PPP, le potentiel de différends entre les parties contractantes est élevé. De plus, l'impératif d'éviter de tels différends et de maintenir des relations de travail pendant la durée du PPP est encore plus important que dans une situation contractuelle classique. C'est le cas parce que les PPP fournissent souvent des services publics essentiels et en raison de la longue durée des contrats.

Dans certains pays, les contrats de PPP sont bien développés, standardisés et ont des modèles de contrats obligatoires. Les contrats peuvent être extrêmement complexes et détaillés. Il y a peu ou pas d'occasions pour les entrepreneurs de négocier les conditions clés et la répartition des risques, ou les conditions qui couvrent la prévention et le règlement des différends.

En outre, la pratique dans les PPP basée sur la disponibilité consiste à prévoir le même processus de règlement des différends dans chaque contrat au sein de la structure, avec des différences mineures, afin de minimiser les décisions contradictoires sur les mêmes questions. Cela nécessite des dispositions détaillées pour traiter les risques d'interface et pour lier l'entrepreneur D&B et l'exploitant O&M au processus global de règlement des différends dans le cadre de l'accord PPP. Ce sont quelques-uns des défis auxquels est confrontée l'introduction des CRD dans les structures PPP.

La DRBF a observé que les CRD opéraient avec succès dans des PPP dans plusieurs pays. Certains de ces CRD sont en fait des panels d'individus - techniciens, financiers et juristes - qui peuvent être appelés à traiter des différents lorsqu'ils surviennent. En raison de leur caractère temporaire et de leur portée limitée au différend en question, ces CRD ne remplissent aucune fonction de prévention du différend. La situation est différente en Australie, où il existe des exemples de CRD permanents réussissant extrêmement bien à aider les parties au PPP à éviter des différends pouvant potentiellement menacer le projet.

Une question qui se pose est le coût d'un CRD permanent sur la durée de vie d'un projet PPP et la perception que la dépense ne peut se justifier, au moins pendant la phase opérationnelle. C'est pourquoi souvent les CRD sont limités à la phase de construction et pour une courte période après la mise en service. L'évaluation chiffrée des avantages et des économies pouvant découler d'un CRD permanent (voir Chapitre 2) est un domaine de recherche actuel de la DRBF.

Options pour les Comités de Règlement des Différents dans les projets PPP

Il existe différents modèles de CRD pour un projet PPP, à la fois dans les PPP basés sur la disponibilité et dans les concessions. Ces modèles incluent :

1. Un CRD intégrant à la fois la concession et le contrat D&B.
2. Trois CRD distincts, l'un couvrant le contrat de concession, l'autre couvrant le contrat D&B et l'autre couvrant les premières années du contrat O&M.
3. Un CRD distinct pour le contrat de concession, et un couvrant le contrat D&B et les premières années du contrat O&M.

4. Un seul CRD au niveau du contrat de concession uniquement, avec une invitation permanente pour le contractant D&B à assister aux réunions du CRD de concession
5. Un seul CRD au niveau du contrat D&B uniquement (où la plupart des risques sont transférés).

Il n'existe pas un modèle meilleur que les autres pour les CRD dans un PPP, et le meilleur modèle dépend de l'appétence pour le risque et de l'expérience des principaux participants - l'autorité contractante, l'entrepreneur D&B et les prêteurs.

Le DRBF recommande de choisir les options 1 à 4 ci-dessus, selon la nature du PPP. L'option 5 n'est pas recommandée.

Les Exigences pour la réussite des Comités de Règlement des Différents dans les Projets PPP

La DRBF recommande les principes suivants pour les CRD dans les projets PPP :

- Le(s) CRD doivent être établies au début du PPP et fonctionner pendant au moins la durée de la période de construction et la période initiale d'exploitation et de maintenance.
- Compte tenu de la structure étagée des PPP et des nombreuses parties prenantes, la DRBF recommande l'inclusion d'un CRD dans le cadre du régime de prévention des différends (voir chapitre 13) dans les deux principaux contrats (concession et D&B), si ce n'est dans tous les contrats de la structure PPP.
- Pour les contrats PPP avec de longues phases opérationnelles (en particulier les modèles basés sur la disponibilité), il est utile que le mandat du CRD se prolonge pendant la phase opérationnelle ou, alternativement, qu'un autre CRD soit nommé pour la phase opérationnelle. La durée du mandat du CRD peut varier en fonction de la nature du projet et des parties prenantes.
- La clé du succès d''un CRD au sein d'un projet PPP est que le CRD se compose de membres possédant une expérience appropriée (voir Chapitre 5). Il est essentiel que les membres du CRD comprennent les aspects financiers et commerciaux des PPP.

- Les compétences et l'expertise requises des membres du CRD peuvent également changer au cours de la durée de vie du CRD. Il est recommandé de prendre des dispositions pour remplacer ou ajouter des membres au CRD lorsque le projet entre dans la phase opérationnelle.
- S'il n'y a qu'un seul CRD au niveau de la concession, les principaux sous-traitants doivent être impliqués dans le fonctionnement et tenus par les décisions du CRD prises à ce niveau. Sans cette organisation, il y aura probablement une fragmentation d'approche et une prise de décision incohérente et conflictuelle.

Chapitre 11
Couts et Honoraires

Les barèmes d'honoraires et les coûts du CRD varient considérablement dans le monde. Les informations contenues dans ce chapitre sont fondées sur les archives de la DRBF couvrant plusieurs milliers de CRD et sur des enquêtes auprès des membres de la DRBF. Des exemples de coûts d'un CRD sont mentionnés pour des projets aux États-Unis, en Australasie, en Amérique latine et dans d'autres pays qui utilisent les modèles de contrat FIDIC pour les CRD. À des fins de commodité et de comparaison, tous les coûts indiqués dans le présent chapitre sont exprimés en dollars américains, aux taux de 2019.

Composantes des Coûts du Conseil de Règlement des Différends

Les facteurs qui déterminent les coûts d'un CRD pendant la durée d'un projet sont généralement les suivants :

- Taille du CRD (par exemple, trois personnes ou une personne).
- Fréquence et durée des réunions du CRD.
- Nombre de saisine formelle du CRD pour avis / recommandations / décisions.
- Type et niveau des honoraires (par exemple, par heure, journaliers et pour les voyages) des membres du CRD.
- Dépenses remboursables des membres du CRD, y compris les frais de séjour et de déplacement vers des sites distants, entre états *[Etats-Unis]* ou internationaux.
- Provisions Forfaitaires payées aux membres du CRD.
- Ajustements des honoraires sur la durée du projet.

La fréquence des réunions régulières du CRD diffère souvent d'un projet à l'autre, en fonction de la nature des travaux, des exigences des parties et du stade atteint par le projet. Les CRD des projets de travaux de génie civile et de travaux souterrains se réunissent généralement tous les trimestres (plus fréquemment dans les phases initiales du projet), tandis que les CRD des projets de bâtiment se réunissent souvent mensuellement. Les CRD sur d'autres types de projets de très longue durée (plus de cinq ans) peuvent ne se réunir que tous les quatre à six mois. Pour tout projet, si des audiences sont nécessaires pour traiter les différends dont les parties ont saisi le CRD, le nombre de réunions du CRD sera d'autant plus élevé.

Les montants des honoraires des membres du CRD reflèteront généralement les taux habituels des services de professionnels similaires dans la région ou se déroule le CRD mais peuvent varier selon le pays et la nature du projet. De plus, dans les situations où les membres du CRD ne sont pas basés dans la région, les honoraires pour ces membres du CRD sont susceptibles de correspondre aux tarifs habituels payés pour les services de CRD dans leur pays d'origine.

Les dépenses remboursables dépendent de l'emplacement du projet et de la proximité avec le lieu d'attache de chaque membre du CRD. Lorsque les membres du CRD vivent à proximité du projet, les frais de déplacement sont minimes. Lorsque les projets sont éloignés ou lorsque les membres du CRD doivent parcourir des distances importantes jusqu'au site du projet, ils supporteront des frais de repas, d'hébergement, de transport terrestre et éventuellement de transport aérien. Dans ces situations, les dépenses remboursables deviendront un facteur déterminant pour calculer le coût total du CRD.

Une Provision Forfaitaire est le nom générique d'un montant forfaitaire payé à un membre du CRD pour retenir ses services. Lorsqu'elles sont utilisées, les Provisions Forfaitaires sont généralement payées sur une base mensuelle pour rémunérer les membres du CRD pour le travail exécuté en dehors des réunions du CRD, comme la revue des documents de projet (procès-verbaux des réunions sur le site, les rapports et autres correspondances), pour se tenir informés des développements du projet et réaliser toutes les activités administratives liés au CRD. Les Provisions Forfaitaires sont également destinées à compenser les membres du CRD qui doivent rester disponibles pour servir sur le CRD pendant toute sa durée, renonçant ainsi à d'autres opportunités de travail professionnel.

Types de Barème d'honoraires du Comité de Règlement des Différends

Les maitres de l'ouvrage incluront généralement une proposition de barème d'honoraires du CRD dans l'Accord de CRD ; bien que, dans certains cas, il puisse être possible pour les membres potentiels du CRD de négocier leurs propres accords d'honoraires avant de conclure l'Accord de CRD. Les barèmes des honoraires du CRD incluront généralement tout ou partie des éléments suivants.

Taux Journalier

Les membres du CRD recevront généralement un taux journalier fixe pour leurs services. Le taux journalier est destiné à rémunérer les membres du CRD pour leurs services lors des réunions et audiences et, dans certains cas, pour les déplacements et le travail réalisé entre les réunions. Cependant, lorsqu'une journée entière de travail ou de déplacements n'est pas réalisée, un taux horaire est souvent utilisé.

Taux Horaire

Dans ce cas, les membres du CRD sont payés à un taux horaire fixe. Le taux horaire peut être la base de paiement pour toutes les activités du CRD ou, à l'inverse, uniquement pour les tâches effectuées entre les réunions régulières du CRD, telles que l'examen des documents, la rédaction des rapports, etc.

Provision Forfaitaire

Les structures des honoraires du CRD peuvent inclure une provision forfaitaire pour garantir la disponibilité des membres du CRD et, dans de nombreux cas, pour les rémunérer (au lieu d'un taux horaire) pour le temps passé à examiner les documents de projet et pour toutes autres activités réalisées entre les réunions du CRD. Une provision forfaitaire est versée sous forme de taux mensuel fixe et parfois appelée «honoraire mensuel de gestion».

Temps de Déplacement

Lorsque le temps de déplacement est important, les barèmes d'honoraires du CRD incluent généralement des honoraires ou une indemnité, soit séparément, soit en pourcentage du taux horaire ou journalier, pour le temps passé par les membres du CRD lors de leurs déplacements entre leur lieu d'attache et le lieu du projet. Pour la plupart des CRD, les frais réels de voyage (billets d'avion, transport terrestre, etc.) sont payés à titre de frais remboursables. Les frais de voyage réalisés localement ne sont généralement pas remboursables.

Frais Remboursables

Les dépenses engagées par un membre du CRD pour remplir son rôle de CRD, y compris les repas, les billets d'avion, l'hébergement et le transport terrestre, sont généralement remboursées au prix coûtant, sur la base d'un justificatif de paiement. Certaines agences gouvernementales et règles institutionnelles de CRD appliquent des restrictions sur le type ou le montant des dépenses remboursables qui peuvent être réclamées (par exemple, la classe de voyage en avion ou un plafond sur les dépenses quotidiennes totales).

Ajustement des Honoraires

Pour les projets d'une durée supérieure à deux ans, certains barèmes d'honoraires de CRD incluent une indexation annuelle des honoraires. Le pourcentage d'ajustement des honoraires du CRD dépendra du taux d'inflation annuel et de la valeur relative de la devise dans le pays où le projet est situé.

Barèmes et Taux Habituelles des Honoraires

Les barèmes et les taux habituels d'honoraires pour les CRD dans les différentes parties du monde sont illustrés dans les exemples suivants. Comme indiqué précédemment, tous les niveaux des honoraires indiqués ci-dessous sont exprimés en dollars américains aux taux de 2019. Ces exemples ne sont pas destinés à être utilisés à des fins autres que de guide général et de comparaison des coûts et des honoraires des membres du CRD.

États-Unis

Les honoraires des membres de CRD aux États-Unis varient considérablement d'un État à l'autre et d'un maitre de l'ouvrage à l'autre. Lorsque des taux horaires sont utilisés, ils varient généralement de 125 $ à 300 $ de l'heure. Si des taux journaliers sont utilisés, ils varient généralement de 1 200 $ à 2 500 $ par jour.

Le remboursement des frais de voyage ne va d'aucun remboursement (considérés comme faisant partie du taux journalier) jusqu'aux dépenses réelles, et cela en application des directives gouvernementales et d'autres directives approuvées en matière de déplacement.

Pour certains grands projets, des taux sont négociés entre les membres du CRD et les parties. Cependant, les fourchettes indiquées ci-dessus pour les taux horaires et journaliers sont beaucoup plus habituelles. Les trois exemples qui suivent indiquent la grande variabilité des barèmes des honoraires et des taux applicables aux membres des CRD aux États-Unis.

1. Le Département des Transports de la Californie verse à chaque membre du CRD un taux journalier forfaitaire de 1 500 $ pour chaque réunion ordinaire ou journée d'audience et indemnise les membres au tarif de 150 $ par heure pour l'examen des documents et les activités du CRD entre les réunions. Aucun kilométrage, voyage, hébergement ou indemnité journalière n'est remboursé. Le tarif journalier de 1 500 $ est destiné à compenser les frais de voyage et de participation à la réunion ou à l'audience du CRD. Ces taux forfaitaires sont fixés dans les Conditions pour les CRD du Département des Transports de la Californie et ne varient généralement pas entre les membres du CRD ou entre les projets.
2. Le Département des Transports du Colorado verse à chaque membre du CRD une somme forfaitaire de 800 $ pour les réunions du CRD d'une à quatre heures et de 1 200 $ pour les réunions de quatre à huit heures. Le Département des Transports du Colorado rémunère les membres du CRD au taux horaire de 125 $ pour la revue de documents et pour les activités du CRD entre les réunions. Les membres du CRD reçoivent 50 $ de l'heure pour leurs frais de déplacement et aucun autre remboursement n'est accordé. Ces tarifs sont établis dans les Conditions pour les CRD du Département des Transports du Colorado et ne varient pas entre les membres du CRD ou les projets.
3. Le Département des transports de l'État de Washington paie à chaque membre du CRD un taux horaire pour tout le temps

consacré aux réunions, aux auditions, aux déplacements aller-retour aux réunions et aux activités du CRD et aux études entre les réunions. Les taux horaires sont négociés individuellement avec chaque membre du CRD et varient de 175 $ à 275 $ par heure. Le Département des transports de l'État de Washington rembourse également aux membres du CRD les frais de voyage et verse une indemnité journalière jusqu'à un montant maximum autorisé dans les règles de voyage du Département des Transports de l'État de Washington. A la date de publication de ce manuel, le Département des transports de l'État de Washington a indiqué qu'il mettrait également en œuvre une structure tarifaire journalière dans un proche avenir.

Australie, Nouvelle-Zélande, Iles du Pacifique

Les honoraires des membres des CRD en Australie, en Nouvelle-Zélande et dans les Iles du Pacifique varieront en fonction de l'emplacement, de la taille du projet et de l'expérience du membre du CRD. Le Président du CRD, généralement plus expérimenté et avec une charge de travail plus importante, est susceptible de percevoir des honoraires plus élevés que les autres membres du CRD. Les membres du CRD négocient généralement leurs honoraires dans le cadre de leur offre de services de CRD aux parties. Occasionnellement, certains maitres de l'ouvrage spécifieront des taux d'honoraires standards dans l'Accord de CRD.

Les taux horaires varient entre 300 $ US à 450 $ US par personne pour un CRD de trois personnes. Les taux journaliers seront généralement basés sur un multiple de sept ou huit heures du taux horaire. Les frais pour les CRD d'une personne en Australie sont similaires mais sont généralement à l'extrémité supérieure de la fourchette indiquée ci-dessus pour les CRD de trois personnes, compte tenu de la charge de travail plus importante.

Les taux sont différents dans les Iles du Pacifique. Les projets sont généralement financés par des agences de développement, qui utilisent des modèles de contrat FIDIC. Les taux horaires varient de 150 $ US à 250 $ US, et les nominations au CRD peuvent dépendre d'un processus de sélection concurrentiel qui inclut les niveaux d'honoraires proposés par les candidats au CRD.

Les Provisions Forfaitaires (si applicables) seront généralement structurées sur une base mensuelle et fixés à environ la moitié du taux journalier. Les frais de voyage sont généralement remboursés séparément sur la base du coût réel, avec des justificatifs à l'appui comme preuve de paiement.

Amérique Latine

Les taux des membres de CRD en Amérique latine suivent généralement le barème utilisé dans les contrats FIDIC (voir ci-dessous). Un taux journalier est versé pour la participation aux réunions, audiences, visites sur site du CRD et pour la rédaction des recommandations ou décisions du CRD. Une Provision Forfaitaire mensuelle est également versée dans la plupart des pays pour couvrir tous les autres travaux du CRD.

Les niveaux des honoraires actuels varient en fonction du pays et des caractéristiques du projet. Les taux journaliers pour les membres du CRD varient de 1 250 $ US à 1 800 $ US. Les Provisions Forfaitaires mensuelles varient de 2 500 $ US à 4 000 $ US.

Les taux peuvent également varier en fonction de l'expérience et des qualifications du membre du CRD et selon qu'il est un résident local du pays où le projet est situé.

Contrats FIDIC

Les barèmes des honoraires des CRD dans les contrats FIDIC sont généralement basés sur un taux journalier pour la participation aux réunions et audiences du CRD, le temps de déplacement et le temps consacré aux délibérations du CRD et à la rédaction des décisions du CRD. Les frais de voyage et de séjour sont remboursés séparément. Des Provisions Forfaitaires mensuelles sont souvent appliquées.

Les honoraires journaliers sont payés après qu'ils ont été engagés ou à une date pertinente dans le processus du CRD, comme lors de l'émission d'une décision / opinion par le CRD. Les Provisions Forfaitaires (si applicables) sont généralement facturées trimestriellement à l'avance. Les éditions du contrat FIDIC Conception Construction 1999 et EPC/Clé en main, ainsi que toutes les Editions 2017 des contrats FIDIC, permettent au CRD de suspendre la publication d'une décision en attendant le paiement intégral des honoraires du CRD.

Les niveaux des honoraires actuels pour les CRD FIDIC de trois personnes varient considérablement. Les taux journaliers pour les membres du CRD varient généralement de 2 000 $ US à 5 000 $ US, selon l'expérience, les qualifications et le pays de résidence du membre du CRD. Dans certains pays, les tarifs journaliers pour les membres des CRD locaux peuvent être inférieurs à 2 000 $ US. Il n'est pas rare d'inclure un taux horaire dans le barème d'honoraires, basé sur la division du tarif journalier par sept ou huit (heures) pour couvrir les journées partiellement travaillées par les membres du CRD sur les activités de prévention des différends et les saisines.

Le Président du CRD gagnera généralement un niveau d'honoraire de base plus élevé afin de refléter ses qualifications professionnelles et son expérience. Il n'y a généralement aucune prime ajoutée pour le rôle clé, mais le Président du CRD gagnera généralement plus en raison du temps supplémentaire consacré aux tâches de gestion et d'administration.

Les niveaux des honoraires dans les contrats FIDIC sont fixés pour les 24 premiers mois du CRD et sont ensuite ajustés chaque année. Cependant, il n'y a pas de disposition pour une réévaluation des honoraires dans les éditions 2017 des contrats FIDIC. Il est généralement convenu que les honoraires sont nets d'impôts dans le pays du projet, y compris pour les membres du CRD qui ne résident pas dans ce pays.

Les Provisions Forfaitaires, le cas échéant, seront généralement structurées sur une base mensuelle. Il est courant que les Provisions Forfaitaires mensuelles soient égales aux honoraires journaliers. Occasionnellement, les parties peuvent demander aux membres du CRD de renoncer à leur Provision Forfaitaire. Cependant, cela signifie que les membres du CRD n'auront pas été payés pour le temps de lecture avant les visites sur place, ce qui réduit l'efficacité des activités de prévention des différends du CRD et l'utilité des visites de site du projet par le CRD.

Les frais de voyage sont remboursés séparément sur la base du coût réel, avec des justificatifs comme preuve de paiement. Le temps de trajet (jusqu'à un maximum de deux jours dans chaque direction) est facturé au tarif journalier. Les voyages en avion ne sont pas en dessous de la classe affaires. Les dépenses sont payées après avoir été engagées - à l'exception notable des CRD permanents sous l'édition 1999 Construction et les éditions 2017 des contrats FIDIC où les dépenses et les honoraires sont facturés trimestriellement à l'avance et crédités / débités en fonction des coûts réels encourus.

Contrats financés par les IFI

Les Banques Multilatérales de Développement (MDB) telles que la Banque Mondiale ont des donateurs de nombreux pays, par opposition aux Banques Unilatérales de Développement qui ont un seul donateur national. Ensemble, elles sont définies comme Institutions Internationales de Financement (IFI).

Les projets financés par les IFI incluent souvent l'exigence obligatoire d'un CRD. La DRBF recommande aux IFI de financer 100% des coûts lorsque cela est obligatoire. Dans la pratique, certains ne couvrent que 50% du coût, voire rien dans le cadre du financement. Les CRD se trouvent généralement sur les projets financés par les IFI lorsque les conditions contractuelles FIDIC sont utilisées. Les taux pour ces CRD sont donc les mêmes que pour les CRD FIDIC et comprennent des taux journaliers pour la participation aux réunions, aux audiences et aux visites sur site du CRD. Une Provision Forfaitaire est versée pendant la phase de construction du projet, réduite à la moitié ou aux deux tiers du taux pendant la période de responsabilité pour vices, selon le modèle de contrat FIDIC utilisée.

Méthode générale pour estimer le coût d'un Comité de Règlement des Différends

Comme indiqué précédemment, le coût d'un CRD dépendra de la durée du projet, du nombre de membres dans le CRD, de la fréquence et de la durée des réunions et des audiences du CRD, des frais de voyage des membres du CRD et du barème tarifaire du CRD.

Par exemple, pour un projet avec un CRD de trois personnes qui se réunit tous les trimestres et une durée de projet de deux ans, les coûts directs et les frais généraux du CRD peuvent être estimés comme suit.

Coûts Directs = [3 membres x 4 réunions par an x 2 ans de durée x taux journalier par membre] + [3 membres x 24 mois x la Provision Forfaitaire (si applicable) par membre].

Frais Généraux = les frais de déplacement estimatifs (y compris les billets, l'hébergement, etc.) engagés par chaque membre du CRD au cours des 8 voyages pour visiter le site du projet et assister aux réunions.

Pour un projet dans lequel le CRD est activement engagée dans la prévention des différends et où aucun différend n'émerge, il n'y aura probablement pas besoin d'audiences en dehors des réunions trimestrielles prévues du CRD. Cependant, une **provision pour imprévus** (disons 20%) devra toujours être incluse dans le budget du projet pour le coût des audiences supplémentaires et les coûts associés du CRD pour le traitement et le règlement des différends.

Deux exemples de calcul d'une estimation du budget pour un CRD sont présentés ci-dessous, l'un est un CRD type et le second un projet multinational utilisant un modèle de contrat FIDIC.

Exemple 1

Le coût d'un CRD pour un projet d'une valeur de 250 millions $, avec une durée de 24 mois et des réunions de CRD trimestrielles, en supposant un taux journalier de 2 000 $ par membre, une Provision Forfaitaire mensuelle de 2 000 $ par membre et des déplacements vers / depuis le projet sur un seule journée, est estimé comme suit :

> Coûts Directs = [3 membres x 4 réunions par an x 2 ans x 2000$/ jour] + [2000$/Provision Forfaitaire mensuelle x 3 membres x 24 mois] = 192.000 $.

Si le maximum autorisé par la politique de voyage du maitre de l'ouvrage est de 750 $ / jour / membre, une estimation des frais de voyage pour le CRD est :

> Frais Généraux = 3 membres x 8 voyages x 750 $ = 18.000 $

> Provision pour imprévus pour saisine = 20% x 210.000 $= 42.000 $

Ainsi, Le Budget Total du CRD = 252,000 $ (0.1% du cout du projet).

En utilisant la note d'orientation de l'Agence Japonaise de Coopération Internationale pour le calcul d'une estimation budgétaire des honoraires et dépenses d'un CRD, le coût d'un CRD pour un projet «international» d'une valeur de 600 millions de dollars d'une durée de trois ans, en supposant une visite de deux jours sur site sur une base trimestrielle, un taux journalier de 3 000 $ par membre, une Provision Forfaitaire de 3 000 $ par membre et les déplacements vers / depuis le projet nécessitant trois jours, sont estimés comme suit:

> Provision Forfaitaire = [3.000 $/Provision Forfaitaire mensuelle durant la construction x 3 membres x 36 mois] + [1.500 $/ Provision Forfaitaire mensuelle durant la période de responsabilité pour vices x 3 membres x 12 mois] = 378.000 $

> Visite de site et voyage = [3.000 $ x 3 membres x 6 jours x 4 visites x 3 ans] + [3 membres x 12 réunions x 5.000 $ (frais de voyage estimés)] = 828.000 $

> Provision pour imprévus pour saisine (avec audience) = 20% x 1.206.000 $ = 241.200 $

Ainsi, le Budget Total du CRD = 1.447.200 $ (0.24% du cout du projet)

Modalités de paiement

Les Modalités de paiement des honoraires et des dépenses des membres du CRD sont généralement spécifiées dans l'Accord de CRD.

Dans certains cas, l'entrepreneur paiera les trois membres du CRD à partir d'un poste de paiement indiqué dans l'échéancier du contrat, tandis que le paiement peut parfois être effectué uniquement par le maitre de l'ouvrage. Dans certains contrats internationaux, l'entrepreneur est obligé de payer les factures d'honoraires du CRD, puis de refacturer 50% au maitre de l'ouvrage.

Dans la majorité des CRD, cependant, chaque partie partage le paiement des frais du CRD à parts égales. Avec cette modalité, chaque membre du CRD soumet une facture à chaque partie pour 50% du montant total dû à ce membre.

Dans certains cas, l'Accord de CRD contiendra des détails sur la manière dont les modalités financières applicables doivent être mises en œuvre. Les détails relatifs aux procédures comptables des parties, telles que l'inscription en tant que fournisseur dans les systèmes de comptes fournisseurs des parties, doivent être vérifiés avant le début des travaux du CRD. Les conditions de paiement, y compris les délais de paiement après la soumission des factures, sont généralement spécifiées. Sinon, le Président du CRD devra s'assurer que les dispositions appropriées sont convenues avec les parties.

Contrats FIDIC

Les contrats FIDIC ont généralement des modalités de paiement plus complexes. Dans le cadre des éditions FIDIC 1999 et de l'édition MDB (2010), les membres du CRD facturent à l'entrepreneur leurs honoraires, qui à son tour inclue 50% du coût du CRD dans sa demande de paiement mensuel au maitre de l'ouvrage. Dans le cadre des éditions FIDIC 2017, les membres du CRD facturent à chaque partie 50% de leurs honoraires, y compris la Provision Forfaitaire et les dépenses, sauf accord contraire.

Les membres ad hoc des CRD nommés dans le cadre des éditions FIDIC Conception/Construction et EPC/Clefs en mains (1999) peuvent facturer une avance de 25% sur les honoraires estimatifs, ainsi que fournir une estimation des dépenses totales, immédiatement après l'entrée en vigueur de l'Accord de CRD. Le paiement est dû par l'entrepreneur à la réception de la facture, et les membres du CRD ne sont pas obligés de commencer leur travail tant qu'ils n'ont pas réceptionné le paiement.

Les questions fiscales et monétaires, qui sont applicables dans certains sites internationaux, doivent être traitées en amont. L'Accord de CRD doit indiquer si les taxes ou déductions locales sont incluses dans les honoraires du CRD et / ou sont remboursables. Pour certains pays, les membres de CRD seraient bien avisés de consulter un conseiller fiscal professionnel. L'Accord de CRD doit également indiquer clairement la devise à utiliser pour le paiement. En raison des fluctuations des devises, les membres du CRD devraient envisager d'inclure le taux de change applicable sur leurs factures au moment de la facturation.

Coûts des experts nommés par le CRD

Occasionnellement, avec l'approbation des parties, les CRD peuvent recourir à des conseils juridiques locaux ou des experts techniques pour fournir des conseils spécialisés dans le cadre d'une saisine. Bien qu'il ne s'agisse pas d'une pratique courante, les parties doivent être informées et accepter ces dépenses potentielles, qui sont normalement remboursées au prix coûtant.

4

Comités de Règlement des Différends Mise en œuvre et processus

Chapitre 12

Désignation et Confirmation des Membres du Comité de Règlement des Différends

Ce chapitre contient des informations importantes que les parties contractantes doivent prendre en considération lors de la désignation ou de l'approbation de candidats en tant que membres du CRD. L'importance de la sélection des membres du CRD pour le succès global du processus du CRD ne peut pas être surestimée. Le chapitre décrit également les processus et procédures de désignation couramment utilisés.

Exigences vis-à-vis du Candidat

Un élément essentiel du processus de CRD est que les deux parties acceptent et soient satisfaites des membres du CRD. Pour que les deux parties soient convaincues que les candidats du CRD sont impartiaux et indépendants, les candidats ne doivent pas avoir de conflits d'intérêts réels ou perçus. Si l'une des parties s'inquiète de l'impartialité et de l'indépendance d'un candidat, elle doit exercer son droit de rejeter ce candidat. Si cette étape n'est pas prise avant la confirmation, l'ensemble du processus CRD sera compromis et risque d'être inefficace.

Pour permettre aux deux parties d'être pleinement informées, ceux qui souhaitent être nommés membres du CRD doivent fournir aux parties un curriculum vitae détaillé et une déclaration de révélation qui doit porter sur les relations et les intérêts. La déclaration doit identifier tout conflit d'intérêts connu ou potentiel, ou toute circonstance qui pourrait être perçue comme un conflit d'intérêt (voir Chapitres 5 et 6).

Dans les cas où un conflit d'intérêt existe clairement, le candidat au CRD devrait refuser la désignation de sa propre initiative. Cependant, si le conflit déclaré est éloigné, ou si la déclaration a été faite pour garantir une transparence totale, il est recommandé que le candidat du CRD inclue une déclaration selon laquelle il / elle se considère comme impartial et indépendant et est donc capable de faire partie du CRD, malgré la déclaration. Les parties ont ensuite la possibilité d'accepter le candidat, sur la base de la connaissance de sa déclaration. Une bonne règle générale pour les candidats au CRD est: en cas de doute, toujours révéler.

Déclarations de Révélation

Pour permettre aux candidats du CRD de fournir une déclaration complète, ils doivent être informés du nom des parties au contrat proposé, des noms des principales parties prenantes au projet et, si possible, des noms des consultants et des principaux dirigeants du maitre de l'ouvrage et de l'entrepreneur. Les candidats au CRD devraient également recevoir des détails sur le projet et sur les modalités de l'Accord de CRD proposé qu'ils devront conclure avec les parties.

Il est recommandé qu'une Déclaration de Révélation type contienne :

- Une reconnaissance des entités ou des personnes impliquées dans le projet (telles que fournies par les parties, ou par référence à une liste communiquée).
- Une déclaration de toutes les relations et intérêts qui constituent des conflits d'intérêts réels ou potentiels.
- Une déclaration générale des activités professionnelles du candidat au CRD dans l'industrie.
- Un curriculum vitae détaillé (y compris les antécédents professionnels remontant à au moins 10 ans).

Un modèle de déclaration de révélation est disponible auprès de la DRBF à l'adresse www.drb.org. Un candidat au CRD devrait également confirmer et indiquer aux parties impliquées qu'il accepte le Code de Conduite Ethique de la DRBF et qu'il s'y conformera (voir Chapitre 6).

Révélation Continue

Le Code de Conduite Ethique de la DRBF et la plupart des Accords de CRD imposent une obligation de «révélation continue» aux membres du CRD. C'est-à-dire que si la situation d'un membre du CRD change, ou si une nouvelle partie est introduite dans le contrat ou le projet, le membre du CRD devra faire une déclaration de révélation supplémentaire en fonction des changements de circonstances.

Les parties au contrat peuvent alors décider en toute connaissance de cause si le rôle du membre du CRD peut continuer correctement. Même s'il n'existe pas de telle disposition dans l'Accord de CRD, il est de bonne pratique pour les membres du CRD de faire des révélations continues si nécessaire, afin de maintenir la confiance des parties.

Les engagements professionnels d'un membre d'un CRD en place changent souvent au cours du temps. Par exemple, le membre du CRD peut être appelé à servir en tant que membre de CRD, arbitre ou conseil sur un autre projet dans lequel une partie (ou un associé de cette partie) actuellement en relation est impliquée. Dans ces circonstances, le membre du CRD devrait demander le consentement éclairé des autres membres du CRD et des parties au contrat actuel avant de d'accepter cette nouvelle désignation.

Processus de Désignation

Souvent, les parties qui sélectionnent les membres du CRD ne donnent pas au processus de désignation le temps et l'attention qu'il requiert. Les équipes de projet voient fréquemment le processus de sélection du CRD comme une simple obligation de «remplir la case», parmi d'autres tâches initiales d'administration du contrat. Cependant, la sélection du CRD doit être considérée comme l'une des premières étapes les plus importantes du projet, car elle met en place un processus de gestion permanent pour la prévention et le règlement des différends qui bénéficiera grandement au projet.

Lors de la désignation d'un membre du CRD, les qualifications et les compétences du candidat en rapport avec le projet doivent être soigneusement prises en compte (voir ci-dessus Chapitre 5). Il est également important de prendre en considération les critères fixés par les parties et toutes les exigences spécifiques indiqués dans le contrat des parties

Pour les contrats avec des parties de nationalité différentes, la nationalité et les compétences linguistiques peuvent également être importantes. Si une majorité des membres du CRD ont la même nationalité que l'une des parties, l'autre partie «étrangère» sera probablement préoccupée par l'impartialité et l'indépendance du CRD. Dans de telles situations, il est préférable de désigner un CRD dont la majorité des membres sont de nationalité «neutre». Les deux parties doivent être convaincues que le CRD ne penche pas en faveur de l'une ou de l'autre partie.

Les membres du CRD doivent être nommés au début d'un projet en tant que CRD permanent et rester en place pendant toute la durée du projet. Les membres du CRD apprennent ainsi à connaitre les parties, le contrat et les événements et circonstances qui surviennent pendant les travaux. Cette connaissance rend le CRD beaucoup plus efficace dans ses rôles de prévention et de résolution des différends.

La première réunion du CRD devrait être convoquée dès que possible après la signature du contrat de projet. Dans les contrats de construction, il n'est pas rare que la relation entre les parties se tende rapidement – lorsqu'apparaissent des problèmes liés à la conception détaillée, à la constructibilité, à la préparation du site et à l'approbation des plans de management. Il est important que le CRD soit disponible à ce stade pour faciliter les communications entre les parties et pour régler les problèmes à mesure qu'ils surviennent.

Étant donné l'importance d'établir un CRD au début d'un projet, il est recommandé que le contrat entre les parties ou l'Accord de CRD inclue un mécanisme de désignation par défaut si les parties ne parviennent pas à s'entendre sur les membres du CRD dans un certain délai. Une autre option consiste pour les parties à recourir à un organisme de désignation (voir ci-dessous).

Au début du processus de désignation, les parties peuvent identifier les candidats au CRD de diverses manières, incluant des références de maitres de l'ouvrage, d'entrepreneurs, de consultants et d'autres utilisateurs de CRD ; des expériences antérieures des parties en matière de CRD ; une recherche de profils de membres sur le site de la DRBF ; ou en lançant des appels à intérêt / des demandes de qualifications (RFQ). Un exemple de RFQ est disponible sur le site web de la DRBF à www.drb.org. Il est important de noter que c'est toujours une personne physique qui est désignée pour un CRD, et qu'elle ne peut pas sous-traiter ou déléguer à une personne morale.

Les nominations au CRD dépendent parfois d'un processus de sélection concurrentiel. La mise en place de tout processus de sélection doit mettre l'accent sur les compétences et l'expérience requises des membres du CRD afin de garantir des candidats correctement qualifiés. Les membres de CRD plus expérimentés choisissent souvent de ne pas participer lorsque les critères de sélection sont basés principalement sur le moins disant en termes d'honoraires.

La liste des membres potentiels d'un CRD pour un projet peut, en théorie, être longue, mais dans la pratique, la liste est généralement limitée d'une certaine manière, souvent par les termes du contrat des parties. À cet égard, les parties peuvent avoir convenu que les membres du CRD devraient posséder des qualifications professionnelles spécifiques ou une expérience dans l'objet du projet. Parfois, la documentation du contrat fournira une liste présélectionnée de membres potentiels du CRD parmi lesquels les parties peuvent sélectionner leur CRD. Alternativement, des listes institutionnelles, telles que celles tenues par FIDIC ou la CCI, peuvent fournir aux parties contractantes pour examen une liste de membres de CRD formés et accrédités.

La nomination d'un membre du CRD à partir d'une liste présélectionnée ou institutionnelle présente des avantages et des inconvénients. Ces listes auront souvent des exigences minimales en matière de formation et d'expérience, ce qui permet aux parties d'identifier plus facilement ceux qui sont susceptibles de répondre à leurs critères de CRD. En outre, les listes peuvent fournir les noms de candidats qualifiés au CRD qui étaient auparavant inconnus des parties. D'un autre côté, ces types de listes ne sont pas mis à jour régulièrement et peuvent inclure des candidats potentiels au CRD qui ne sont pas adaptés, indisponibles ou qui ont des conflits d'intérêts.

Dans la hâte de remporter un appel d'offres ou d'attribuer un contrat, la plupart des entrepreneurs et des maitres de l'ouvrage accordent une attention insuffisante aux noms des membres désignés pour constituer le CRD et à leur aptitude au projet particulier. La sélection du CRD sera généralement une question de faible priorité et un entrepreneur est souvent réticent à contester la liste des candidats du CRD indiqués par le maitre de l'ouvrage, de peur que cela ne nuise à sa position dans l'appel d'offres. Une telle absence de soin dans la désignation du CRD peut signifier que les parties se retrouvent coincées avec des membres du CRD qui ne sont pas formés, inexpérimentés et potentiellement partiaux.

La DRBF est en mesure de fournir des listes de candidats au CRD formés et expérimentés provenant de nombreux pays membres dans le monde.

Procédures de Sélection des Membres du Comité de Règlement des Différends

Il existe au moins quatre méthodes acceptées et couramment utilisées pour sélectionner les membres d'un CRD.

Sélection Conjointe Par Les Parties

Au cours de ce processus, les parties se rencontrent et discutent du caractère probable des problèmes et différends pouvant découler du projet et des qualifications des membres potentiels du CRD sur la base de ces caractères. Les parties vont ensuite sélectionner conjointement deux membres du CRD dans le groupe considéré de candidats au CRD. Les parties peuvent également sélectionner le Président du CRD, ce qui est la bonne pratique recommandée. Cependant, cette responsabilité est souvent donnée aux deux membres du CRD en les laissant le sélectionner eux-mêmes.

L'un des avantages de la méthode de sélection conjointe est l'élimination de toute perception d'allégeance à une partie qui propose la candidature. Un autre avantage est que les parties peuvent mieux s'assurer que les membres du CRD ont les compétences et l'expérience nécessaires pour gérer les problèmes et différends qui pourraient survenir dans le cadre du projet.

Cette méthode de sélection conjointe reflète les meilleures pratiques recommandées par la DRBF pour la nomination d'un CRD. Elle a été éprouvée avec succès dans de nombreux projets à travers le monde et pour les différentes modalités de réalisation des projets, y compris les projets en conception-construction et les PPP. Pour ces dernières méthodes de réalisation, il est important que les membres sélectionnés du CRD aient une expérience et une compréhension spécifiques de ces types de projets et des compétences dont ils ont besoin (par exemple, compétences en conception ou financières).

Désignation par Chaque Partie

Dans ce processus, chaque partie nomme l'un des membres du CRD et soumet son ou ses candidats à l'autre partie pour approbation. Plutôt que de simplement proposer un nom (ou des noms), une partie devrait fournir un résumé de l'expertise du candidat au CRD et expliquer pourquoi elle le considère comme étant approprié en tant que membre du CRD pour le projet. De même, le curriculum vitae et la déclaration de révélation du candidat au CRD doivent être transmis, afin que l'autre partie puisse s'assurer que le candidat est approprié et n'a aucun conflit d'intérêts réel ou perçu.

Une fois approuvés par les parties, les deux membres désignés du CRD procèdent à la désignation du troisième membre du CRD, sous réserve de l'approbation des deux parties. Il est recommandé que les parties aient la possibilité d'examiner le curriculum vitae et la déclaration de révélation du troisième candidat avant l'approbation (ou non, selon le cas). Une fois approuvé par les deux parties, le troisième membre du CRD sert souvent (mais pas automatiquement) de Président du CRD.

La plupart des accords prévoient que si un candidat au CRD est rejeté, la partie qui l'a désigné doit, dans un certain laps de temps, désigner un autre candidat pour examen. Certains accords de CRD prévoient en outre que si, après un nombre de propositions spécifié, un candidat au CRD n'est pas sélectionné, les parties doivent s'adresser à un organisme de désignation neutre pour y procéder.

Bien que la désignation d'un membre du CRD par chaque partie soit la méthode traditionnelle d'établissement du CRD, il en résulte parfois que des membres du CRD peuvent être (ou être perçus comme étant) partiaux envers la partie qui a proposé leur candidature. Même si un candidat au CRD satisfait à tous les critères de sélection, cette méthode de sélection peut aboutir en pratique à ce que l'on se réfère au «représentant du maitre de l'ouvrage» ou au «représentant de l'entrepreneur» au sein du CRD, ce qui suggère un manque d'indépendance.

De plus, au cours du processus de sélection, une partie hésite souvent à rejeter le candidat de l'autre partie, afin d'éviter les désaccords pendant la «lune de miel» au début du projet. Une autre préoccupation est que l'une des parties accepte le candidat de l'autre partie uniquement à la condition que son propre candidat soit accepté.

Listes Préapprouvées de CRD ou Panels

Une autre méthode de désignation consiste pour chaque partie à proposer une liste de trois à six membres potentiels du CRD. Chaque partie sélectionne ensuite son candidat au CRD dans la liste de l'autre partie. Si une partie rejette la liste entière de l'autre partie, une nouvelle liste est soumise. Une fois sélectionnés, les deux membres du CRD désignent ensuite le troisième membre du CRD, sous réserve de l'approbation des deux parties. Le troisième membre, qui n'est sélectionné par aucune des parties, sera souvent (mais pas automatiquement) le Président du CRD.

Il existe plusieurs variantes à cette méthode de sélection. Dans certains projets, une approche alternative consiste pour l'entrepreneur et le maitre de l'ouvrage à nommer conjointement deux membres expérimentés pour le CRD. Encore une fois, avec le consentement éclairé du maitre de l'ouvrage et de l'entrepreneur, ces deux membres du CRD choisissent le troisième membre du CRD et décident ensuite qui agira en tant que Président du CRD.

Une autre méthode proche - utilisée par les maitres d'ouvrage qui ont régulièrement plusieurs CRD opérant sur des projets distincts au même moment - consiste à établir un panel approuvé de membres de CRD (et / ou de Présidents). L'entrepreneur pour chaque projet est ensuite tenu de sélectionner son ou ses candidats pour les DRB dans le ou les panels du maitre de l'ouvrage, sous réserve des exigences de révélation habituelles (voir «Déclarations de Révélation» ci-dessus).

Recours à une Autorité De Désignation

Il est toujours préférable que le CRD soit constitué par l'une des méthodes consensuelles décrites ci-dessus. Cependant, lorsque les parties ne parviennent pas à un accord sur l'un ou l'ensemble des membres du CRD, il est important que les dispositions de règlement des différends dans le contrat des parties comprennent un mécanisme donnant pouvoir à un organisme indépendant (ou à un individu) afin de désigner les membres du CRD. Cela est particulièrement important pour les CRD ad hoc constitués uniquement lorsqu'un différend a surgi et que la coopération entre les parties s'est dégradée ou est inexistante en raison du différend.

L'entité de désignation doit être choisie avec soin et plusieurs questions doivent être prises en considération à cet égard. Premièrement, l'entité spécifiée doit être disposée et capable de fournir un service pour la nomination de membres de CRD. Deuxièmement, une vérification doit être effectuée pour s'assurer que le nom correct de l'entité figure dans le contrat entre les parties. Troisièmement, il est important que l'entité de désignation soit considérée comme un choix neutre.

Pour les contrats internationaux, il est recommandé que l'organisme de désignation soit une organisation internationale telle que FIDIC ou la CCI. Pour les autres contrats, de nombreux pays ont des institutions d'arbitrage ou des institutions professionnelles en plus de FIDIC et de la CCI qui sont disposées à agir en tant qu'organisme de désignation neutre.

Si un blocage intervient lors de la tentative de sélection par consensus des membres du CRD, et en l'absence de dispositions contractuelles pour une entité de désignation neutre, les parties peuvent volontairement demander des désignations auprès d'une autorité expérimentée et indépendante, telle que la DRBF.

Chapitre 13

Prevention et Gestion des Différends

Une raison prépondérante de la croissance rapide des CRD dans le monde est non seulement leur succès dans le règlement rapide et efficace des différends, mais également leur rôle favorisant la prévention des différends.

Le rôle de prévention des différends exige qu'un CRD entreprenne plusieurs tâches fondamentales dans la supervision d'un projet : surveiller indépendamment les indicateurs clés du projet en temps réel, traiter les problèmes et les différends potentiels à mesure qu'ils surviennent, faciliter les communications entre les participants au projet et encourager une résolution des problèmes / une prise de décision coopérative. Ces étapes sont toutes importantes pour atteindre l'objectif d'un projet sans différend.

Prévention Active des Différends

Les retours d'expériences reçus par la DRBF sur les projets en cours indiquent un degré d'acceptation élevé de la part des maitres d'ouvrage et des entrepreneurs lorsqu'un CRD adopte une approche proactive de son rôle et de sa participation au projet. Le succès de cette approche se traduit généralement par un résultat «meilleur pour le projet» pour toutes les parties. Les membres de la DRBF qui servent dans ces CRD déclarent régulièrement que la majeure partie de leur travail est désormais consacrée aux activités de prévention des différends plutôt qu›au règlement des différends. Dans bon nombre de ces projets, il est rare qu›un différend ou une différence d'opinion entre les parties atteigne le stade d'une saisine formelle du CRD pour règlement du différend.

En plus des avantages directs en termes de coût et de temps qui découlent de la prévention des différends, il existe des avantages importants et intangibles qui découlent de la tenue de réunions régulières entre le CRD et les directions exécutives du projet. Les réunions du CRD fournissent aux parties un forum en dehors du régime contractuel formel pour apprécier leurs prestations, identifier les problèmes actuels et futurs, éliminer les obstacles à l'avancement et s'engager activement les unes avec les autres dans une relation de coopération.

Bien que ces aspects collaboratifs des CRD soient importants, il est souvent nécessaire de rappeler aux participants du projet que le CRD sert de filet de sécurité et ne se substitue pas à une bonne administration et à une gestion des contrats. Les parties seront toujours liées par les risques et les termes de leur contrat, même défavorables pour une partie. Nonobstant ces contraintes, les CRD proactifs sont en mesure de faciliter la communication et d'aider les parties contractantes à traiter de manière pragmatique les problèmes (commerciaux, techniques ou juridiques) qui surviennent fréquemment dans tout ensemble complexe de conditions contractuelles et de spécifications.

Dans certains projets, les maitres de l'ouvrage cherchent à tirer parti à la fois des avantages du processus de CRD et du processus de Partenariat, dans le cadre de leurs accords contractuels. L'avantage du Partenariat est qu'il concentre continuellement l'attention sur les relations et la communication des parties, en abordant les problèmes de management quotidien qui surviennent pendant le projet. Le Partenariat et le processus de CRD, bien que séparés à certains égards, sont complémentaires dans la mesure où les deux processus font progresser la prévention des différends sur le projet.

Bien qu'un CRD puisse également être efficace dans un environnement collaboratif, le processus du CRD doit maintenir une distance respectueuse entre le CRD et les parties, pour préserver sa neutralité et maintenir son objectivité. En résumé, le Partenariat et le CRD peuvent coexister dans un contrat tant que les parties comprennent et acceptent les rôles différents mais complémentaires inhérents aux deux processus.

Rôle des Membres du Comité de Règlement des Différends

Pour éviter et prévenir les différends, les membres du CRD doivent adopter une approche pratique et inquisitoire, à la fois lors des réunions du CRD et plus généralement pendant le projet. Une telle approche nécessite des membres du CRD ayant un haut niveau de compétence et d'expérience professionnelle, ainsi qu'une profonde compréhension du besoin d'impartialité et d'équité procédurale du CRD (voir Chapitre 5).

Par exemple, lors de la première réunion du CRD avec les parties, les membres du CRD devraient s'assurer qu'ils :

- instruisent les nouveaux participants du rôle du CRD et de la façon dont le CRD propose d'assurer ce rôle dans le projet.
- soulignent que le rôle du CRD fait partie intégrante de la gouvernance et de la gestion du projet.
- soulignent que l'objectif du CRD est d'assurer à toutes les parties un résultat positif et optimal pour le projet, conformément aux dispositions et obligations contractuelles.
- recherchent et obtiennent l'accord des parties pour adopter des Procédures de Fonctionnement du CRD ayant pour objectif d'éviter les différends, en accroissant souvent les procédures existantes dans les Conditions du CRD et l'Accord de CRD.

À toutes les réunions suivantes du CRD, les membres du CRD devraient continuer à :

- s'efforcer de construire et de maintenir la relation du CRD avec les parties, instiller la confiance dans le processus de CRD et dans le CRD lui-même.
- se concentrer sur l'identification précoce et sur la discussion des problèmes qui surviennent dans le projet, avant qu'ils ne deviennent des différends.
- encourager une approche collaborative entre les parties en ce qui concerne la résolution des problèmes.
- veiller à ce que les problèmes difficiles soient signalés et résolus rapidement, plutôt que de ne pas être abordés et laissés de côté.

Il existe plusieurs protocoles et procédures qui, s'ils sont mis en œuvre par le CRD, amplifieront la probabilité de réaliser un projet sans différend. Ces aspects du travail du CRD sont décrits dans les sections suivantes.

Implication précoce du Comité de Règlement des Différends

Il est important que l'Accord de CRD soit finalisé et signé en même temps, ou peu de temps après, la signature du contrat principal. Cela permet au CRD d'être nommé et habilité dès le début du projet et avant le début des travaux.

L'expérience de la DRBF indique que cette implication précoce est extrêmement importante lorsque l'objectif principal du CRD est la prévention des différends. Toutefois, la nomination anticipée à elle seule ne présente que peu d'avantages, à moins qu'elle ne s'accompagne de réunions anticipées entre le CRD et les parties contractantes. Cela permet au CRD d'établir des procédures et d'encourager l'établissement de relations entre et avec les représentants des parties.

L'implication précoce est particulièrement importante dans les contrats de conception-construction où l'entrepreneur plutôt que le maitre de l'ouvrage est responsable de la conception. L'expérience a montré que la phase de conception implique souvent des problèmes compliqués et génère de graves divergences d'opinion entre les parties.

La phase de conception d'un important contrat de conception-construction peut s'étendre de six à douze mois avant le début de toute construction importante, il est donc essentiel que le CRD soit activement impliqué tout au long de cette première période. Cela met le CRD en bonne position pour aider les parties à résoudre les zones d'ambiguïté contractuelle, d'incohérence et les questions de performance ou de normes de conception. Le rôle du CRD à ce stade élimine souvent les conflits potentiels et permet l'émergence de solutions pragmatiques.

Modification des Procédures du Comité de Règlement des Différends

Une étape clé pour un CRD nouvellement constitué consiste à revoir - et dans certains cas, à accroitre ou à modifier - les règles de procédure qui s'appliqueront au projet.

Même lorsque le CRD est lié par un ensemble de procédures normalisées, il y a d'importants avantages à discuter au préalable des ces procédures avec les parties et, le cas échéant, à modifier celles-ci d'un commun accord. C'est un bon moyen d'introduire une approche proactive dans un ensemble de procédures de CRD autrement silencieuses. Il permet également au CRD d'établir une relation de coopération avec les parties contractantes et, le cas échéant, de définir le rôle du CRD dans la prévention des différends.

Protocoles de Réunion du Comité de Règlement des Différends

Pour que les réunions régulières du CRD soient plus efficaces, le Président du CRD doit mettre en œuvre un protocole de réunion qui s'intègre dans la structure de gouvernance globale du projet. À cet égard, il est souvent établi que le CRD rencontrera, et au même moment, les directions exécutives des parties contractantes

Ce protocole a le grand avantage de garantir que les directions exécutives «hors site», qui sont généralement les seules autorisées à prendre des décisions commerciales importantes pour résoudre les problèmes du projet, soient en contact régulier avec le CRD et les équipes du projet sur site. L'importance d'établir et de maintenir ces relations à des fins de management et de prévention des différends ne peut être sous-estimée.

Pour les réunions régulières du CRD, le protocole issu des bonnes pratiques utilisé par de nombreux CRD consiste à encourager activement le personnel des deux parties contractantes à soulever les problèmes potentiels et à engager des discussions libres et franches, avant même que toute réclamation officielle ou notification de différend ne soit faite.

Les parties devraient également fournir un rapport régulier (souvent conjointement) au CRD sur l'état d'avancement du projet, les travaux en cours sur le site, le futur calendrier des travaux, les retards rencontrés, les problèmes commerciaux émergents, etc. Souvent, le CRD peut également demander à l'une des parties ou aux deux parties contractantes de fournir un rapport spécifique ou de faire une présentation sur une question particulière lors de la prochaine réunion du CRD. Il existe de nombreux exemples où ce type de rapport a rapidement conduit à des négociations et à la résolution d'un problème.

Afin d'encourager la franchise et l'ouverture dans la communication entre les parties et le CRD, une procédure est souvent mise en œuvre afin que les informations et documents fournis au CRD, ainsi que tout autre document généré dans le cadre du processus du CRD (tels que les procès-verbaux des réunions du CRD), aient un statut «confidentiel et privilégié» ou «sans préjudice». Ce dernier statut ne s'applique bien entendu pas aux documents produits par les parties ou échangés entre elles dans le cours normal des activités du projet, ni aux différends officiellement renvoyés au CRD pour décision.

Les membres du CRD et les parties doivent également savoir que dans de nombreuses juridictions de droit civil, l'idée d'un statut «sans préjudice» n'est pas reconnue, sauf pour les réunions et communications échangées strictement entre les conseils des parties et en l'absence des parties. Néanmoins, cette notion généralement protectrice, sous lequel les réunions du CRD peuvent et doivent être conduites, contribue de manière significative à la réalisation des objectifs du CRD de prévention des différends.

Les CRD devraient encourager la programmation régulière des réunions des CRD et décourager les parties qui cherchent à retarder ou annuler des réunions au motif qu'il n'y a pas de problèmes ou de différends à discuter. Cette pratique, si elle est autorisée à prospérer, empêche le CRD de se tenir informé des événements et des circonstances du projet qui peuvent être pertinents et restreint le rôle du CRD dans la prévention des différends.

Avis Consultatifs

Avant de soumettre officiellement un différend au CRD pour décision (voir Chapitre 14), les parties peuvent, d'un commun accord, demander au CRD de fournir un avis consultatif informel et non contraignant sur une question.

À cet égard, le CRD peut suggérer aux parties d'envisager de déposer une demande conjointe d'avis non contraignant ou les aider à formuler des questions spécifiques, dont les réponses aideront à résoudre le problème. Cette approche est couramment utilisée par les CRD proactifs pour donner aux parties un point de vue informel, indépendant, impartial et expérimenté sur les questions litigieuses.

À titre d'exemple, les règles de la CCI sur les différends adoptent une vision large de cette assistance informelle et laissent au CRD une flexibilité considérable dans la définition de sa propre procédure pour répondre à des situations particulières, à condition que les deux parties conviennent à l'avance de la suivre.

L'avantage d'un avis consultatif ou d'une assistance informelle est qu'il peut souvent être donné en peu de temps et concentre l'attention des parties sur la résolution du problème avant qu'il ne dégénère en différend. La possibilité de trouver une solution optimale pour de nombreux problèmes litigieux est beaucoup plus importante et peut être facilitée par le CRD si l'option d'un avis consultatif est volontairement adoptée par les parties.

Chapitre 14

Saisine du Comite de Règlement des Différends pour un Différend

Le CRD doit être saisis d'un différend lorsque les parties contractantes arrivent à un point où un accord négocié ne peut être trouvé entre elles et lorsque les efforts de prévention des différends du CRD n'ont pas porté leurs fruits.

Les dispositions du contrat relatives au règlement des différends doivent énoncer clairement les étapes à suivre et les conditions à remplir par les deux parties pour soumettre un différend au CRD. Les étapes requises varieront d'un contrat à l'autre, mais surtout, les parties doivent suivre strictement les délais spécifiés pour éviter tout argument éventuel lié à une notification non réalisée dans les temps ou incorrecte.

De nombreux différends ne concernent que des questions sur le fond ou sur la responsabilité, plutôt que sur le quantum. Si le CRD émet des conclusions sur la responsabilité et que les parties acceptent la recommandation / décision du CRD, il est préférable que les parties s'accordent sur le montant à payer plutôt que le CRD le décide.

Cependant, si les parties demandent au CRD de déterminer le quantum, le CRD sera obligé de le faire. Dans certains cas, il peut être approprié que le CRD offre simplement des lignes directrices pour la détermination du quantum, en particulier lorsqu'une partie n'a pas fourni suffisamment d'informations pour permettre au CRD de calculer un montant spécifique.

Certaines procédures de CRD prévoient un processus de saisine en deux étapes. En premier lieu, la responsabilité est établie. Si le fond est démontré, les parties tentent alors de négocier le quantum. En second lieu, si les parties ne parviennent pas à s'entendre sur le quantum, la question est alors renvoyée au CRD pour décision. La bifurcation potentielle du différend en responsabilité et quantum devrait être discutée et acceptée au début du processus de saisine du CRD.

Avis de Saisine

La saisine du CRD pour un différend peut être fait par l'entrepreneur ou le maitre de l'ouvrage. La plupart des contrats imposent des exigences spécifiques quant à la forme et au contenu de l'avis de saisine. Si aucune forme ni aucun contenu n'est prescrit, l'avis de saisine doit décrire de manière concise la nature et l'étendue du différend transmis au CRD, ainsi que la décision demandée au CRD ou les questions auxquelles celui-ci doit répondre.

À la réception de l'avis de saisine, le CRD doit examiner les conditions de la saisine et donner à la partie intimée la possibilité de formuler des observations. Certaines conditions ou procédures de fonctionnement du CRD exigent ou encouragent les parties à convenir d'un énoncé conjoint de l'objet du différend et de la réparation demandée au CRD. Cela sert souvent à circonscrire l'objet du différend, à définir la compétence du CRD et à éviter que le processus de CRD lui-même ne soit à l'origine de différends supplémentaires.

Différends impliquant des tiers

L'Accord de CRD est un accord entre le maitre de l'ouvrage, l'entrepreneur et les membres du CRD. Un sous-traitant ou un fournisseur n'a aucun droit en vertu de l'Accord CRD et n'aura pratiquement pas ou peu de participation aux réunions du CRD. Cependant, en principe et si toutes les parties en conviennent, un CRD peut connaître des différends de sous-traitance. Cela inclut les différends d'un sous-traitant ou d'un fournisseur de rang inférieur avec l'entrepreneur et qui peuvent être opposés au maitre de l'ouvrage par l'entrepreneur.

Lors de toute audience d'un CRD sur un différend qui englobe des questions de sous-traitant, chaque sous-traitant impliqué dans le différend devrait avoir un représentant autorisé présent ayant une connaissance réelle des faits pertinents et disponible pour répondre à toutes les questions soulevées par le CRD.

Différends Concernant les Saisines et la Compétence des Comités de Règlement des Différends

La validité, l'interprétation et l'exécution d'un Accord de CRD sont généralement régies par les lois de l'État et/ou du pays dans lequel les travaux du contrat sont exécutés et / ou sont indiquées dans les documents contractuels.

Occasionnellement, une partie peut soutenir que le CRD n'est pas autorisé à entendre un différend parce que les étapes établies par le contrat n'ont pas été suivies, que l'objet du différend n'est pas approprié pour le processus du CRD ou pour toute autre raison.

En cas de désaccord entre les parties sur la question de savoir si le CRD a l'autorité pour entendre un différend, le CRD doit tenir compte de l'énoncé du contrat, de la nature du désaccord concernant la compétence et des détails du différend. Le CRD doit ensuite considérer la marche à suivre appropriée pour résoudre la question de compétence en accord avec les parties.

Certains Accords de CRD contiennent des dispositions qui confèrent au CRD l'autorité pour décider de sa propre compétence - de la même manière que les tribunaux arbitraux sont habilités à décider de leur propre compétence lorsqu'elle est contestée par l'une des parties. Certains contrats de projet prévoient aussi qu'un CRD n'aura pas compétence sur certains types de litiges.

Chapitre 15

Procédures Préalables à l'Audience et Préparation Des Documents

Etapes Préalables à l'Audience

Une fois que le CRD a reçu l›Avis de Saisine, les parties ou le CRD peuvent décider de tenir une conférence de procédure pour discuter de la façon dont la question renvoyée sera traitée. Dans certains pays, le terme «conférence» est préféré à «audition» dans les procédures de fonctionnement du CRD, pour réduire d'exposer par inadvertance le processus aux lois locales régissant les procédures d'arbitrage.

Le Président, ainsi que les autres membres du CRD et les parties, tiendront une conférence de procédure pour confirmer l'objet du différend et les réparations demandées, et établir le format et le calendrier des soumissions avant l'audience. Ce calendrier devra tenir compte des vues et des priorités des parties concernant le temps de préparation requis pour les exposés des positions et les pièces justificatives.

Le CRD devra également demander aux parties de déclarer rapidement leurs intentions concernant l›assistance d›un conseil juridique ou de consultants et/ou de témoins experts, afin d›éviter un effet «d›embuscade» plus tard dans la procédure. Certaines procédures de fonctionnement de CRD peuvent autoriser le CRD à restreindre l'utilisation de l'assistance de tiers, y compris des avocats.

Les dates de soumission des exposés de position, ainsi que les pièces justificatives et les observations en réponse (si les parties en conviennent), seront fixées conformément à la procédure établie dans les Conditions du CRD et/ou dans les Procédures de Fonctionnement et/ou aux modalités convenues lors de la conférence de procédure. Le temps estimé pour que les parties présentent leurs positions respectives et pour que le CRD pose des questions devrait également être discuté, afin que le temps approximatif nécessaire pour mener l'audience puisse être établi. La plupart des audiences de CRD peuvent être programmées de sorte qu'elles se déroulent en une journée.

Les audiences ont souvent lieu lors de la réunion ordinaire suivante du CRD, sauf si l'affaire est urgente, auquel cas l'audience sera programmée plus tôt (comme convenu par les parties). Les différends importants ou complexes prendront plus de temps pour tenir une audience de ce qui est susceptible d'être disponible lors d'une réunion ordinaire du CRD et devront être programmés comme une réunion distincte du CRD.

Il est de bonne pratique pour le CRD de demander aux parties de préparer conjointement un exposé du différend, exposant un aperçu de leurs demandes et moyens de défense respectifs, avant de soumettre leurs exposés des positions. Si les parties ne parviennent pas à s'entendre sur l'énoncé du différend, le CRD devrait les aider et/ou donner des instructions à cet égard.

Les CRD doivent savoir que de nombreux contrats ont des délais courts et stricts pour rendre des décisions ou des recommandations. Le non-respect de ces délais peut rendre la décision nulle et non avenue et potentiellement exposer les membres du CRD à supporter la responsabilité des coûts de la procédure. Dans les cas où de tels délais s'appliquent, une prolongation n'est possible qu'avec l'accord des deux parties et de tous les membres du CRD.

Exposés des Positions

Préalablement à l'audience, chaque partie devra préparer et soumettre au CRD et à l'autre partie des éléments factuels, des observations juridiques et des pièces à l'appui de sa position.

Les mémoires soumis pour exposer les positions doivent résumer de manière concise la position de la partie, expliquer les informations factuelles pertinentes et fournir une justification contractuelle de la position. Il est important que les observations des parties comprennent tous les faits et arguments qu'une partie a l'intention de présenter lors de l'audience afin que l'autre partie ait la possibilité de fournir des observations en réponse mûrement réfléchies.

Des aides visuelles et des graphiques, des déclarations de preuves et (dans certains cas) des rapports d'experts peuvent être inclus dans les pièces, mais les documents volumineux sont déconseillés. Il est également avantageux pour chaque partie de répondre aux arguments soulevés par l'autre partie et d'expliquer pourquoi elle estime que la position de l'autre partie ne devrait pas être acceptée.

Observations en Réponse

Sous réserve des dispositions du contrat et/ou de l'Accord de CRD, si les parties et le CRD ont convenu que des observations en réponse seront fournis, un délai approprié devra être accordé dans le calendrier pour la remise de ces observations (parfois appelées «réfutations»).

Pour de nombreux différends, il est plus rapide et plus utile que trois prises de position soient produites dans une séquence, plutôt que les parties échangent simultanément leurs exposés initiaux et/ou leurs observations en réponse. La séquence des soumissions dans ces cas serait :

1. Mémoire en soumission du demandeur
2. Mémoire en réponse du défendeur, y compris les demandes reconventionnelles (le cas échéant)
3. Mémoire complémentaire du demandeur et réponse aux demandes reconventionnelles (le cas échéant)

En établissant la procédure à suivre, le CRD doit veiller à s'assurer que le droit de chacune des deux parties à une égalité de chances d'être entendue (principes de procès équitable et d'égalité de traitements) soit respecté.

Ensemble Conjoint de Documents

Les parties doivent être encouragées à préparer conjointement un ensemble de documents. Cela facilite la préparation des mémoires ainsi que l'examen et la compréhension par le CRD des exposés des parties, tout en minimisant la confusion et l'inefficacité pendant l'audience. Dans certaines procédures de CRD, cet ensemble conjoint est appelé Document de Référence Commun (DRC).

Le dossier conjoint devrait comprendre tous les documents que l'une ou l'autre des parties a l'intention d'utiliser pour étayer sa position. En règle générale, le demandeur compile, par ordre chronologique, les documents sur lesquels il compte s'appuyer, puis transmet la compilation au défendeur, qui ajoute ensuite, par ordre chronologique, tout autre document sur lequel il entend s'appuyer.

Les documents omis par inadvertance dans le dossier conjoint, ou qui ont été élaborés après la préparation du dossier conjoint, peuvent être ajoutés ultérieurement ou inclus dans les exposés de position respectifs des parties. Il ne devrait pas y avoir de désaccord sur les documents qui vont dans le dossier conjoint - tout ce que l'une ou l'autre des parties souhaite inclure doit en faire partie. Cependant, les documents non pertinents ou seulement de façon marginale devraient être exclus. Les documents volumineux, comme les clauses et conditions contractuelles, devraient être soumis dans un volume distinct.

Rapports d'Experts, Déclarations du Personnel du Projet

Les rapports préparés par des experts indépendants conservés par les parties ou les déclarations écrites du personnel du projet sont souvent joints aux exposés des positions des parties.

Si les deux parties ont retenu les services d'experts pour régler la question en différend, il est utile que le CRD demande aux experts des parties de préparer un rapport conjoint pour l'audience. Le rapport conjoint des experts devrait clairement identifier les questions sur lesquelles les experts sont d'accord et en désaccord. Dans ce dernier cas, le rapport conjoint devrait exposer les raisons de leur désaccord. Cette procédure permettra au CRD et aux parties de se concentrer sur les questions clés lors de l'audience.

Des déclarations du personnel du projet sont parfois préparées par les parties pour étayer des faits affirmés dans leurs exposés de position. Ces déclarations sont parfois appelées «affidavits», «déclarations statutaires» ou «dépositions», même si le processus du CRD n'est pas une procédure légale formelle. Indépendamment de la façon dont les déclarations sont appelées, elles doivent être considérées comme une simple information supplémentaire à prendre en considération par le CRD.

Lors de l'audience, les membres du CRD peuvent souhaiter poser des questions aux experts ou témoins factuels respectifs des parties, mais il n'y aura pas de contre-interrogatoire («*cross examination*», comme devant un tribunal ou un tribunal arbitral (voir Chapitre 16).

Chapitre 16
Procédures à l'Audience

Lieu, Participants

Les audiences se déroulent généralement dans un endroit acceptable pour les deux parties, fournissant les installations nécessaires et un accès aux informations supplémentaires qui pourraient être nécessaires lors de l'audience. Le site du projet ou ses environs est généralement préféré car de nombreux participants et les dossiers nécessaires sont facilement disponibles.

Une audience habituelle nécessite une salle de conférence suffisamment grande pour accueillir confortablement dix à vingt personnes, comprenant les membres du CRD, les représentants des partis et les autres participants. Des équipements électroniques et autres doivent être disponibles pour les présentations. Des tableaux ou des paper boards peuvent être fournis pour faciliter les présentations. De l'espace doit être disponible sur les murs pour accrocher des plans ou des graphiques.

La participation à l'audience doit être limitée à la direction exécutive de chacune des parties contractantes, au personnel du projet impliqué dans toute négociation préalable et à ceux qui ont une connaissance directe des faits du différend. Les administrateurs de contrat ayant des rôles dans la gestion du projet - par exemple, une personne agissant en tant qu'Ingénieur dans le cadre d'un contrat FIDIC - devraient également y assister.

Les procédures d'organisation du CRD exigeront généralement des parties qu'elles informent le CRD et l'autre partie des participants et de leurs rôles avant la ou les dates d'audience. Si l'un des participants proposés est contesté par l'une ou l'autre des parties, le CRD, conformément à la procédure convenue, déterminera qui doit participer à l'audience mais aussi qui peut y assister en tant qu'observateur. Le CRD peut également demander la présence de personnels clés lorsque ces personnes ont des connaissances qui aideront le CRD dans ses délibérations.

Bien que la présence d'avocats aux audiences du CRD soit souvent inutile, certaines procédures opérationnelles de CRD leur permettent de participer à l'audience ou, alternativement, prévoient leur présence, éventuellement en tant qu'observateurs. Pour les différends plus complexes, en particulier ceux impliquant des questions de responsabilité contractuelle et d'interprétation, la présence des juristes des parties sera généralement utile au CRD. Certaines règles/procédures d'organisation du CRD autorisent le CRD à exclure les participants non liés aux parties ; toutefois, ces pouvoirs d'exclusion doivent être utilisés avec modération et sagesse.

L'Audience

Avant la ou les dates d'audience, le Président du CRD devrait préparer et transmettre aux parties un ordre du jour de l'audience, établissant la séquence des étapes du processus et avec une explication de la façon dont l'audience sera conduite.

Le Président du CRD organise souvent une téléconférence préalable à l'audience ou une réunion avec des représentants des parties afin d'examiner la logistique de l'audience et régler tous les sujets de préoccupation. Le but de cette réunion préalable à l'audience doit être de faire en sorte que la procédure de l'audience soit équitable et efficace.

Les audiences du CRD doivent être menées d'une manière qui encourage la franchise, l'ouverture et la diffusion approfondie de toutes les informations pertinentes concernant le différend. Les membres du CRD doivent poser des questions chaque fois que cela est nécessaire pour obtenir tous les faits et s'assurer qu'ils comprennent parfaitement les positions respectives des parties, les faits de la cause et les affirmations des parties concernant leurs demandes, comme ils figurent dans leurs mémoires écrits.

Le CRD doit également permettre aux parties de poser des questions dans la mesure où elles aident à mettre tous les faits « sur la table ». Ceci est généralement traité par une demande au Président, qui décidera si et comment la question est traitée.

Les présentations à l'audience peuvent comprendre un résumé des mémoires, une discussion et une explication des informations à l'appui du différend et la présentation d'aides visuelles et de preuves démonstratives. Ces documents de présentation doivent être soumis avant l'audience afin d'éviter toute « surprise » lors de celle-ci ou tout différend sur ce qui est présenté.

Il doit y avoir suffisamment de temps pour garantir que chaque partie a la possibilité d'être pleinement entendue et pour que le CRD soit assuré qu'il comprend la position de chaque partie, les arguments et les faits à l'appui du différend.

En règle générale, l'audience suit une séquence convenue : le demandeur fait sa présentation en premier, suivi de la présentation du défendeur. L'étape suivante consiste en des questions des membres du CRD suivies de réfutations de chaque partie. Les parties peuvent également être autorisées à faire un résumé oral final à la fin de l'audience. Le CRD doit être convaincu que toutes les informations pertinentes ont été présentées à son examen.

Surtout, l'audience du CRD n'est pas un processus judiciaire – on ne prête pas serment, les règles de preuve légales ne s'imposent pas et le contre-interrogatoire des témoins ou l'interrogatoire direct entre parties n'est pas autorisé, sauf à la discrétion du CRD. Il peut y avoir des cas où il est approprié que le CRD autorise une partie à soulever une question devant être traitée par l'autre partie mais après qu'il en soit fait la demande. En outre, une discussion commune, dirigée par le CRD, est généralement autorisée comme moyen utile de confirmer les faits ou les opinions d'experts de manière efficace.

Parfois, une partie produira des informations lors de l'audience pour la première fois, soit comme tactique de surprise, soit parce que les informations ont été précédemment négligées. Bien que ce comportement doive être découragé, si des informations supplémentaires ont été développées ou mises au jour après la soumission des mémoires, le CRD doit autoriser l'introduction de ces informations. L'autre partie doit disposer de suffisamment de temps pour les prendre en considération et y répondre. Cela peut entraîner l'ajournement de l'audience, ce qui entraînera des retards et des coûts supplémentaires. Dans toutes ces situations, la règle générale est que les deux parties doivent être traitées de manière équitable et égale.

S'il apparaît au cours de l'audience que l'une ou l'autre des parties n'a pas abordé un fait important dans le différend ou une disposition clé des documents contractuels, le CRD devra demander aux deux parties leur position sur cette question. Si cette situation est découverte après l'audience, les deux parties devront être invitées à aborder le problème par écrit.

De même, si, à l'issue de l'audience, le CRD estime que des documents ou d'autres informations supplémentaires sont nécessaires pour comprendre les questions, il peut demander que ces informations soient communiquées par les parties.

Dans ce cas, l'audience est laissée ouverte en attendant la réception des documents supplémentaires. Il n'est généralement pas nécessaire de reprendre l'audience ; toutefois, cette possibilité dépend de plusieurs facteurs : la nature des documents supplémentaires reçus, le temps disponible restant dans les délais applicables pour rendre la décision ou la recommandation du CRD et la perception par le CRD du besoin de ces informations supplémentaires.

Refus d'une Partie d'Assister à l'Audience

Si une partie refuse d'assister à une audience, le CRD doit décider de poursuivre l'audience en l'absence de cette partie, de reporter l'audience ou de l'annuler complètement.

Certaines règles de CRD/Procédures d'Organisation prévoient que l'audience peut se poursuivre même si l'une des parties ne se présente pas. L'un des facteurs à prendre en considération est de savoir si la partie qui refuse à un motif valable de ne pas se présenter, comme avoir besoin de plus de temps pour préparer son dossier. Le CRD doit également déterminer si la partie qui n'est pas disposée à participer le fait pour des raisons visant à entraver le processus du CRD.

En tout état de cause, le CRD a une obligation contractuelle en vertu de l'Accord du CRD de fournir un forum pour entendre les différends. Parfois, la partie qui saisit est empêchée par le contrat de prendre des mesures de règlement des différends à moins que le processus de règlement des différends du CRD ait été strictement suivi. Si tel est le cas, le CRD doit poursuivre l'audience malgré l'absence d'une des parties. Le CRD rendra ses conclusions sur la base des faits mis à sa disposition par la partie participante et de toute documentation soumise préalablement à l'audience par la partie non présente.

Lorsqu'il tient une audience en l'absence de l'une des parties, le CRD devra prendre des mesures pour sauvegarder le droit au procès équitable de la partie non participante.

Le CRD devra faire des efforts permanents pour s'assurer que la partie a été informée de l'heure et du lieu de l'audience. Le CRD devra tenter de contacter la partie non présente au début de l'audience pour connaître la raison de sa non-participation. Le CRD devra également limiter la présentation de preuves ou d'arguments nouveaux par la partie présente aux seules questions essentielles et donner à la partie non présente la possibilité de répondre après l'audience.

Il est important que le CRD approfondisse par des questions les affirmations factuelles clés avancées par la partie participante qui peuvent sembler dépourvues de preuves. Le CRD ne doit cependant pas tenter de plaider à la place de la partie non présente. Dans certains cas, il est recommandé d'organiser une transcription de l'audience et de la remettre à la partie non présente après l'audience.

Chapitre 17

Recommandations et Décisions

Le CRD est tenue de publier ses conclusions sous la forme d'un Rapport de CRD, qui peut être une recommandation non contraignante, une décision contraignante ou une décision contraignante provisoire. Cette dernière est une décision contraignante pour les parties, sauf si elle est contestée par une partie dans un certain délai.

Délibérations du Comité de Règlement des Différends après l'Audience

Les dispositions relatives au règlement des différends dans les documents contractuels ou les Procédures d'Organisation du CRD incluront généralement un délai dans lequel le CRD est censée rendre ses conclusions. Si ce n'est pas le cas, un délai devra être convenu par les parties. Si le temps est insuffisant pour préparer le Rapport du CRD, en fonction de la disponibilité des membres du CRD ou de la complexité du différend, le CRD devra demander par écrit aux parties de prolonger la date. Dans la plupart des cas, le CRD ne peut prolonger aucun délai contractuel sans le consentement des deux parties. Il est important que les CRD respectent ces délais, étant donné que l'objectif du processus de CRD est de promouvoir un règlement des différends efficace et économique.

Une fois l'audience terminée, le CRD se réunira en privé pour discuter des informations et des observations présentées par les parties. Si les trois membres du CRD ont des conclusions généralement similaires, l'effort principal sera dirigé vers la rédaction du Rapport du CRD. Sinon, une ou plusieurs sessions entre les membres du CRD peuvent être nécessaires pour réduire les divergences. Les délibérations devraient être conclues dès que possible. Des précautions doivent être prises pour garantir le secret et la confidentialité.

Les objectifs des délibérations avant la publication du Rapport du CRD comprennent:

- Comprendre et analyser le bien-fondé des positions des parties.
- Constater et convenir des faits pertinents.
- Parvenir à un accord sur l'applicabilité et l'interprétation des exigences contractuelles pertinentes.
- Se mettre d'accord sur les conclusions du CRD concernant les problèmes et les questions posées par les parties.
- Rédiger le Rapport du CRD afin que les constatations et l'analyse/ le raisonnement sur lesquels il s'appuie soient simples, faciles à comprendre et répondent aux observations des parties.

Immédiatement après l'audience, si le temps le permet et que les membres du CRD sont disponibles, il est utile de tenir les premières délibérations et de préparer un aperçu du Rapport du CRD. Ensuite, les projets du Rapport de CRD peuvent être échangées entre les membres du CRD jusqu'à ce qu'un accord complet soit atteint. Le Président du CRD prend généralement l'initiative d'organiser le Rapport du CRD et pour qu'il soit terminé dans les délais. Pour les litiges complexes avec de nombreux problèmes à résoudre, le travail de rédaction sera souvent divisé entre les membres du CRD.

Si, au cours des délibérations, des informations supplémentaires sont rendues nécessaires, telles que des copies de documents qui ne sont pas en la possession du CRD, une demande peut être adressée à l'une ou l'autre des parties. Les informations supplémentaires doivent être fournies à l'autre partie ainsi qu'au CRD. Le CRD devra alors prendre en considération toute information supplémentaire fournie, les deux parties ayant l'opportunité de répondre.

Le Rapport du Comité de Règlement des Différends

Les constatations, analyses et recommandations ou décisions du CRD qui constituent le Rapport du CRD doivent être fondées sur les informations et soumissions présentées par les parties, conformément aux dispositions pertinentes du contrat et dans le respect des lois et réglementations applicables.

Il est important que les membres du CRD examinent attentivement toutes les dispositions applicables du contrat lors de la préparation du Rapport du CRD. Selon les faits et les circonstances du différend, le CRD peut également avoir besoin de prendre en considération les normes de l'industrie, les pratiques et les standards, les avis d'experts et les soumissions juridiques.

De même qu'il a l'obligation de maintenir ses conclusions dans les limites des documents contractuels, le CRD doit cantonner ses recommandations et décisions à l'objet du différend car il n'a pas compétence pour trancher d'autres questions.

Les parties peuvent poser des questions au CRD dans leurs mémoires. Des réponses mûrement réfléchies à ces questions peuvent être essentielles à la résolution du différend. Le CRD devra répondre à ces questions dans la mesure nécessaire et raisonnable.

Il est souvent utile d'inclure dans le Rapport du CRD une chronologie des événements et un résumé des positions des deux parties, y compris des références aux articles pertinents du contrat cités par les parties à l'appui de leurs positions respectives.

Il est fondamental que les CRD ne recommandent pas un compromis ou ne prennent pas des décisions en fonction de ce qu'ils estiment être acceptable ou équitable pour les deux parties. Les notions subjectives de «loyauté» ou «d'équité» n'ont pas leur place dans le processus du CRD. Les conclusions du CRD doivent être conformes aux faits et circonstances présentés, aux documents contractuels et aux lois et règlements applicables.

En rédigeant son Rapport, le CRD doit expliquer le raisonnement derrière ses constatations et conclusions sur chaque question. Pour ce faire, le mieux est de démontrer que tous les points importants soulevés dans les mémoires exposant les positions des parties et lors de l'audience ont été pris en considération. Chaque point important de la position de chaque partie doit être résumé et traité.

Le raisonnement du CRD doit être pleinement expliqué dans un enchaînement clair et logique afin que les deux parties puissent comprendre et accepter la décision. Le CRD ne doit pas dénigrer la position ou la présentation de l'une quelconque des parties. Cette approche peut non seulement ne pas aider à résoudre le différend, mais peut susciter des inquiétudes quant à un manque d'impartialité.

Le Rapport du CRD ne devra être ni extrêmement court, avec peu d'explications, ni long et verbeux, avec des pages de documents ayant peu de pertinence au regard de l'objet du différend. Le Rapport du CRD devra être concis et précis, mais suffisamment détaillé pour que les représentants de l'une ou l'autre partie comprennent correctement le raisonnement à l'appui des recommandations ou des décisions du CRD. Le rapport du CRD doit être professionnel, objectif et impersonnel.

Décisions Minoritaires

L'objectif d'un CRD devra toujours être de produire un Rapport à l'unanimité. En examinant et en explorant les perspectives des uns et des autres et par un compromis raisonnable, les membres du CRD peuvent presque toujours atteindre l'unanimité et préparer un Rapport de CRD acceptable par les trois membres du CRD.

Lors de la publication d'un Rapport de CRD, les opinions dissidentes doivent être découragées et ne doivent être fournies que lorsque le membre dissident du CRD est fortement en désaccord avec l'opinion majoritaire. Une opinion dissidente a peu de chances d'aider les parties à résoudre leur différend.

Si toutefois, malgré les meilleurs efforts du CRD, il ne parvient pas à une conclusion à l'unanimité, le membre dissident devra préparer une conclusion minoritaire avec justification à l'appui. Cette opinion minoritaire est ensuite incluse dans le Rapport du CRD avec l'opinion majoritaire. L'identité du membre dissident du CRD ne doit pas être révélée. A l'inverse, les trois membres du CRD devront signer le Rapport du CRD, avec la conclusion minoritaire introduite dans un chapitre distinct et identifiée comme telle.

Clarifications et Autres Considérations

Si le Rapport du CRD contient une faute de frappe, une erreur accidentelle ou une omission, une erreur de calcul, une erreur matérielle dans la description de toute personne, sujet ou élément, ou un vice de forme, le CRD doit corriger la décision si l'une des parties le demande. L'autre partie devra alors avoir la possibilité de répondre à la demande.

Occasionnellement, une partie peut demander la correction de ce qu'elle considère être une erreur matérielle mais qui n'est rien d'autre, en fait, qu'une tentative de rouvrir le litige. Dans de telles circonstances, le CRD devra refuser d'être entraînée dans tout réexamen des conclusions du CRD.

Chapitre 18

Mise en Œuvre des Conclusions du Comité de Règlement des Différends

Un CRD peut être invité à fournir un avis consultatif, une recommandation non contraignante ou une décision contraignante. Ce chapitre examine chacune de ces options, comment les parties peuvent les utiliser au mieux et l'exécution des conclusions du CRD.

Avis Consultatifs

Le concept d'un CRD fournissant aux parties un avis consultatif est inclus dans de nombreuses Conditions de CRD comme moyen d'impliquer le CRD dans la prévention des différends. Même lorsque ce n'est pas expressément prévus dans les Conditions du CRD, les parties demandent souvent à un CRD de fournir un avis consultatif sur une question ou un différend potentiel. Cette option pour répondre à une question contestée est plus rapide et moins coûteuse que de passer par les étapes d'une audience de CRD pour obtenir une recommandation ou une décision du CRD.

Ces avis consultatifs sont bien adaptés aux situations où il semble y avoir une pierre d'achoppement empêchant les parties de négocier une question contestée, comme l'interprétation d'une clause contractuelle particulière ou d'une stipulation des spécifications.

Ces avis consultatifs, exprimant les vues préliminaires du CRD, facilitent souvent la résolution du problème sans l'assistance ultérieure du CRD. Cependant, les avis consultatifs sont peu utiles pour résoudre certaines réclamations. Si la question n'est pas résolue par voie de négociation et est renvoyée à une audience du CRD, il est important de comprendre que les parties ne seront pas liées par des présentations ou des positions antérieures, et que le CRD n'est pas lié par les vues préliminaires qu'il a pu exprimer.

Les parties demanderont souvent qu'un avis consultatif soit rédigé par écrit, avec des motivations à l'appui, afin que l'avis puisse être utilisé par l'une ou les deux parties pour faciliter une résolution par la direction exécutive ayant une autorité supérieure. Ou, l'avis peut être ajouté à la documentation du projet pour justifier la solution retenue. Dans certaines circonstances limitées, il peut être approprié que le CRD fournisse simplement un avis consultatif oral, mais le CRD doit garder à l'esprit que ses conseils oraux peuvent facilement être mal interprétés ou ignorés.

Recommandations non Contraignantes

Aux États-Unis et dans certains autres pays, les recommandations non contraignantes sont les plus couramment utilisées. Souvent, les CRD sont initialement invités à ne traiter que les questions sur le fond ou sur la responsabilité. Plus tard, si le différend n'est toujours pas résolu, les parties peuvent demander au CRD de suggérer des lignes directrices pour résoudre les questions de quantum plutôt que d'entendre l'ensemble du différend. Les CRD peuvent souhaiter suggérer cette option s'ils estiment que cela peut économiser des coûts et du temps aux parties.

Avec cette option, les parties sont généralement tenues d'accepter ou de rejeter la recommandation dans un délai défini. Certains contrats imposent à la partie qui rejette de donner ses raisons, dans le but de soutenir les négociations ultérieures. En outre, le défaut de rejet d'une recommandation dans un délai spécifié entraîne une acceptation présumée de celle-ci. Les recherches de la DRBF indiquent que même dans ces cas de rejet, les parties ont souvent utilisé la Recommandation du CRD dans la négociation et le règlement du différend sans autre procédure.

Dans la pratique américaine, un point important des Conditions du CRD est de savoir si la Recommandation du CRD, bien que non contraignante, constitue une preuve admissible et doit être examinée par un tribunal, dans le cas où les parties soumettent le règlement du différend à une procédure contraignante, judiciaire ou arbitrale.

Les partisans de l'admissibilité estiment que toute juridiction est susceptible d'accorder un poids significatif aux conclusions d'un CRD composée de personnes sélectionnées par les parties et en contact permanent avec le projet. Les membres du CRD ont une connaissance détaillée des faits, une expérience sur le sujet et une plus grande expertise dans le domaine du différend que les membres de la juridiction. L'argument supplémentaire pour la recevabilité est que les recommandations du CRD auront plus de «mordant», c'est-à-dire qu'elles seront prises plus au sérieux par les parties (conduisant éventuellement à un accord), dès lors que la Recommandation du CRD sera très probablement convaincante dans une procédure contraignante à venir.

L'argument contre la recevabilité est que cela est susceptible de changer le caractère du processus de règlement des différends du CRD, entraînant un plus grand formalisme, un durcissement des positions et une ambiance moins coopérative, le tout ayant une incidence négative sur les relations entre les parties à l'avenir.

Les partisans de l'irrecevabilité soutiennent que l'objectif fondamental du processus du CRD est d'aider les parties à éviter et à résoudre les différends au niveau du projet. Ce qui pourrait arriver à un stade ultérieur, en dehors du projet, ne devrait pas influencer la recommandation/décision du CRD et vice versa. Ce point de vue est basé sur le fait que la décision d'une juridiction pourra être prise sur la base de la découverte de nouveaux documents de chaque partie et sur la base de preuves différentes et plus complètes que celles dont disposait le CRD au cours de son processus.

Dans ce débat en cours, la DRBF soutient et recommande l'admissibilité plutôt que la non-recevabilité comme approche de bonne pratique. La plupart des utilisateurs de CRD (à la fois entrepreneurs et maitres de l'ouvrage) sont également en faveur de cette admissibilité.

Décisions Contraignantes Provisoires

De nombreux contrats et Conditions de CRD prévoient qu'une décision du CRD sera contraignante et exécutoire à moins que et jusqu'à ce qu'elle soit modifiée ou annulée par une autorité supérieure, telle qu'une sentence arbitrale ou une décision de justice.

Cette approche est plus courante dans la pratique internationale qu'aux États-Unis et est utilisée en particulier par les contrats FIDIC (voir Chapitre 9). Cela signifie qu'une Décision du CRD avec une décision en faveur d'une partie doit être mise en œuvre immédiatement par l'autre partie. Si un tribunal arbitral ou une juridiction judiciaire annule ultérieurement la décision, le montant accordé doit être remboursé. L'exécution et la mise en œuvre des décisions provisoires contraignantes se révèlent parfois problématiques dans la pratique et sont examinées plus en détail ci-dessous.

Décisions Finales et Contraignantes

Relativement peu de conditions de CRD prévoient qu'une décision du CRD sera définitive et contraignante et ne pourra pas faire l'objet d'un recours auprès d'une autorité supérieure. Plus généralement, les conditions de CRD prévoient qu'une décision CRD ne sera définitive et contraignante que si elle n'est pas contestée ou si un tribunal arbitral ou une juridiction judiciaire n'est pas saisie dans un délai spécifié (relativement court).

Dans certaines juridictions, une décision définitive et contraignante du CRD aura la même force et le même effet qu'une sentence arbitrale. Plus souvent, cependant, une décision définitive et contraignante du CRD doit être convertie en une sentence arbitrale si elle doit faire l'objet d'une procédure d'exécution judiciaire.

De nombreux pays, dont les États-Unis, ont conclu des traités multilatéraux (par exemple, la Convention de New York) prévoyant l'exécution des sentences arbitrales étrangères. Cependant, la DRBF n'a connaissance d'aucune juridiction ayant adopté des lois régissant spécifiquement les CRD. Jusqu'à présent, les procédures et décisions du CRD ont été uniquement un sujet de droit privé du ressort de la juridiction compétente.

Exécution dans Différentes Juridictions Juridiques

Il est difficile de classer les approches de l'exécution des décisions des CRD dans les différentes juridictions pour deux raisons. En premier lieu, il y a peu de cas signalés de tentatives d'exécution de décisions, et en second lieu, les lois des juridictions varient dans la façon dont elles traitent l'exécution.

Toute tentative d'exécution sera propre à l'affaire et à la juridiction compétente et doit être menée par un conseil juridique expérimenté dans cette juridiction. Il semble, cependant, que les décisions définitives et contraignantes soient souvent appliquées relativement rapidement dans de nombreuses juridictions, et il existe une tendance croissante à une approche «payer maintenant, arbitrer plus tard» de l'exécution des décisions provisoires contraignantes.

Dans la plupart des juridictions, les facteurs qui influencent les recours contre l'exécution des décisions des CRD sont les suivants :

- les droits procéduraux de la partie insatisfaite ont été protégés de manière adéquate au cours de la procédure du CRD.
- la décision à première vue motivée et n'est pas contraire au contrat, aux faits ou à la loi applicable.
- la décision n'est pas conforme à l'ordre public du pays en question.

Il existe trois situations dans lesquelles une décision du CRD n'est pas susceptible d'être exécutée :

- la décision est principalement basée sur des facteurs subjectifs, tels que la justice et l'équité, plutôt que sur des faits et la loi applicable.
- il n'y a pas suffisamment de raisonnement ou d'explication sur la manière dont la décision a été prise, ou il ne semble y avoir qu'un compromis arbitraire entre les parties respectives.
- le processus d'audience a été mené d'une manière inéquitable sur le plan de la procédure.

Chapitre 19

Réexamen, Révocation ou Renouvellement du Comité de Règlement des Différends

La plupart des CRD sont établis au début d'un projet et restent en place jusqu'à la fin du projet. En conséquence, la durée de vie d'un CRD s'étend souvent sur plusieurs années, au cours desquelles des événements peuvent survenir et entraîner la démission d'un membre du CRD ou la demande d'une des parties de révoquer un membre du CRD ou la totalité du CRD. Les raisons usuelles de révoquer ou de démissionner comprennent:

- une insatisfaction d'une ou des deux parties concernant la manière par laquelle le CRD exécute sa mission, ses conclusions ou tout autre aspect de son travail.
- un conflit d'intérêt, un préjugé apparent ou un autre comportement non éthique d'un membre du CRD.
- une indisponibilité continue d'un membre du CRD, souvent à cause d'autres engagements, de problèmes de santé ou même de décès.
- un membre du CRD ne souhaite plus continuer à servir dans le CRD pour des raisons personnelles ou professionnelles.

Facteurs à Considérer en cas de Révocation ou de Démission

Une décision de révocation ou de démission est souvent difficile pour le CRD et le résultat peut être controversé et nuire au processus du CRD. Plusieurs facteurs, y compris ceux abordés ci-dessous, doivent être pris en compte pour décider de révoquer, de démissionner et/ou de renouveler un CRD.

Si un membre du CRD est révoqué ou démissionne, la perte peut être importante, en particulier si cela survient à une étape clé du projet. Le projet perd des connaissances et une expérience précieuse que le membre du CRD a acquise sur le projet, le contrat, les événements qui se sont produits et les personnes impliquées.

En outre, si l'une des parties a nommé le membre du CRD, cette partie peut estimer qu'elle pâtira du départ d'une manière ou d'une autre. Par conséquent, les parties et le CRD devraient éviter autant que possible le départ prématuré d'un membre du CRD.

Il est fondamental pour le succès d'un CRD que chaque membre du CRD établisse une relation de confiance avec les parties. Si une partie perd confiance en un membre, la capacité du CRD à exercer ses fonctions dans le projet peut être sérieusement érodée. L'efficacité du CRD à prévenir et à résoudre les différends entre les parties est diminuée en cas de manque de confiance. La confiance dans le CRD est au cœur du processus d'un CRD qui réussit. Dans la plupart des cas, la nécessité pour le CRD de maintenir une bonne relation avec les parties l'emportera sur toutes les autres considérations lorsque des décisions doivent être prises concernant la révocation et la démission.

D'un autre côté, le CRD doit être conscient de la possibilité qu'une des parties n'agisse pas de bonne foi en demandant de dissoudre le CRD ou de révoquer un membre du CRD. Cette partie peut davantage essayer de jouer avec le système en modifiant la composition du CRD pour obtenir des résultats plus favorables, en particulier lorsque les décisions du CRD affectent cette partie et peuvent être admissibles dans les procédures judiciaires ultérieures (voir Chapitre 18). Si un tel comportement d'une partie se manifeste, le Président du CRD ou tout autre membre du CRD peut avoir besoin de conseiller les directions exécutives des parties contractantes (celles extérieures au projet) afin de regagner la coopération des parties dans le processus du CRD.

Révocation ou Démission ?

Si une partie n'est pas satisfaite d'un membre du CRD ou de la totalité du CRD, elle doit d'abord étudier l'Accord de CRD pour déterminer les actions possibles. L'Accord de CRD comprend généralement des dispositions qui régissent la révocation, la démission et le renouvellement des membres du CRD.

Certains Accords de CRD permettent à une partie de révoquer unilatéralement un membre du CRD. Cependant, la décision de révoquer unilatéralement pose plusieurs problèmes et n'est pas considérée comme une bonne pratique par la DRBF.

La plupart des Accords de CRD prévoient usuellement que les membres individuels du CRD (ou le CRD dans son ensemble) ne peuvent être révoqués qu'avec l'accord des deux parties contractantes. Par conséquent, si une partie souhaite révoquer un membre du CRD, elle doit d'abord tenter de parvenir à un accord sur la révocation de ce membre avec l'autre partie, puis demander conjointement que le membre démissionne.

Les parties doivent renvoyer la question au Président du CRD (ou au CRD en tant qu'entité), en particulier si le fondement de la contestation résulte de prétendues irrégularités ou violations éthiques de la part du membre du CRD. Dans les cas où les deux parties conviennent que le membre du CRD devrait démissionner, le consentement du CRD ou de son Président n'est pas nécessaire.

Le CRD doit toujours être sensible à toute apparence de parti pris ou d'irrégularité dans ses relations avec les parties et à toute désillusion manifeste d'une partie avec le CRD ou un membre du CRD. Si le CRD détecte un problème ou l'insatisfaction d'une partie, il doit être proactif et soulever le problème avec les parties.

Si une partie s'inquiète de la partialité ou de la conduite du CRD ou d'un membre du CRD, tous les membres du CRD devraient traiter la question sérieusement. Le CRD devrait avoir des conversations franches avec les parties et chercher à résoudre le problème. Les conversations unilatérales sont autorisées dans ces circonstances et les résultats de ces conversations doivent être partagés avec toutes les parties.

Remplacement des Membres du Comité de Règlement des Différends

Les difficultés liées au retrait et au remplacement des membres du CRD mettent en évidence l'importance de sélectionner dès le départ des membres du CRD dûment qualifiés, indépendants, impartiaux et éthiques (voir Chapitre 12). Il est de loin préférable que les parties examinent correctement les exigences du projet, puis étudient les qualifications, l'expérience et la disponibilité des membres proposés pour le CRD. Une telle approche est également bien meilleure que d'accepter automatiquement un membre désigné du CRD et de devoir par la suite faire face aux problèmes de révocation et trouver un remplaçant approprié.

Si un membre du CRD est révoqué ou démissionne pour quelque raison que ce soit, l'Accord de CRD contiendra généralement des dispositions permettant de remplacer ce membre du CRD. Ces dispositions incluront soit une nouvelle désignation par l'entrepreneur ou le maitre de l'ouvrage si c'est l'un de leurs candidats qui a démissionné ou qui a été révoqué, soit une nouvelle désignation par les deux autres membres du CRD.

Le consentement de toutes les parties est requis avant qu'un membre remplaçant du CRD puisse être accepté et prendre sa place dans le CRD. Le nouveau membre du CRD devra conclure l'Accord de CRD. Il ou elle devra ensuite examiner à la fois les procès-verbaux des réunions du CRD à date et toutes les décisions ou recommandations émises par le CRD, et être généralement mis au courant du projet par les autres membres du CRD.

Dans certaines circonstances, en particulier à la fin du projet, en cas de démission ou de révocation, le maitre de l'ouvrage, l'entrepreneur et les autres membres du CRD peuvent ne voir aucune nécessité de rechercher et de convenir d'un remplaçant. Bien qu'il s'agisse d'une question pratique pour les parties, dans la plupart des cas, il est souhaitable de nommer un nouveau membre du CRD pour combler le poste vacant, afin que le CRD reste pleinement et correctement constitué jusqu'à la fin de son mandat.

Révocation ou Démission du Comité de Règlement des Différends

Occasionnellement, une ou les deux parties peuvent devenir insatisfaites ou se désintéresser du processus de CRD - dans la mesure où elles annulent des réunions, ne s'engagent pas avec le CRD dans le but d'éviter des différends, rejettent des opinions ou des recommandations du CRD concernant des différends et/ou deviennent de manière générale peu coopérative.

Même s'il n'y a pas de fondement rationnel dans une telle insatisfaction, le manque de confiance dans le processus de CRD peut réduire la valeur du CRD au point où il peut être dans l'intérêt du projet que la totalité du CRD démissionne. La question de savoir si un CRD de remplacement doit être nommé est une appréciation importante à ce stade. Néanmoins, dans tous les cas, le maintien de l'intégrité et de l'efficacité du processus de CRD devrait prévaloir sur les opinions subjectives des membres démissionnaires.

Si un CRD est entièrement remplacée, en raison soit d'une démission volontaire soit d'une révocation par les parties, le CRD ne doit pas effectuer d'autre tâche que de terminer celles inachevées. Ces tâches comprennent des recommandations et des décisions sur les différends dont il a été précédemment saisies et pour lesquels les soumissions et les audiences ont été achevées.

Les recommandations et décisions antérieures qui ont été acceptées par les deux parties ne doivent pas être réexaminées par le nouveau CRD. Cependant, une demande des parties pour que le nouveau CRD réexamine les différends antérieurs qui restent non résolus peut, dans certaines circonstances, aider à résoudre ces questions dans le cadre du projet plutôt qu'au contentieux ou en arbitrage.

Renouvellement du Comité de Règlement des Différents après Achèvement

La plupart des Accord de CRD prévoient que le CRD cesse ses activités à la fin du projet. Cependant, la définition de l'achèvement du projet et le rôle du CRD après l'achèvement peuvent dépendre des termes du contrat de projet. Par exemple, les CRD FIDIC sont tenus de rester en place jusqu'à l'expiration de la période de notification des vices, car des différends et des problèmes tels que les vices cachés peuvent encore survenir et devront être réglés. Dans ces circonstances, le maintien du CRD (même s'il est suspendu) donnera aux parties l'avantage potentiel de la connaissance et de l'expérience du CRD et permettra au CRD d'aider les parties à résoudre tout différend en suspens.

De plus, si le projet se poursuit (comme un contrat de maintenance renouvelé annuellement), ou si le projet est construit en plusieurs phases (parfois sur plusieurs années), il convient de prévoir le renouvellement du CRD chaque année ou au début de chaque phase. Dans ces cas, l'Accord de CRD doit prévoir que le mandat du CRD ou d'un membre du CRD est limité à une période de temps spécifiée. Cette disposition est également valable pour les projets de longue durée ou lorsqu'un projet se poursuit pendant une durée indéterminée.

Glossaire

Accord de CRD : Un accord contractuel entre les Parties (Maitre de l'ouvrage et Entrepreneur) et les Membres du CRD, différent du contrat de réalisation du projet. Cet accord définit le rôle, les pouvoirs et les obligations des Membres du CRD et des Parties. Cet accord est parfois appelé accord tripartite ou «three-party agreement».

Avis Consultatif : Un avis motivé, souvent par écrit, émis par le CRD en réponse à une demande des Parties. Les avis consultatifs ne lient ni les parties ni le CRD. Un avis consultatif fournit aux Parties une vue préliminaire du CRD sur la résolution d'un Litige avant qu'il ne soit renvoyé au CRD comme Différend.

Avis de Saisine : Un document qui définit le Différend soumis au CRD et lance la procédure de règlement du Différend. La saisine peut être soumise par le Maitre de l'ouvrage ou l'Entrepreneur. Les exigences formelles de la saisine sont généralement prévues dans la Clause de Résolution des Différends du contrat de réalisation du projet.

Candidat au CRD : Un membre potentiel du CRD qui s'est porté candidat mais qui n'a pas encore été officiellement nommé et n'a pas encore signé l'Accord de CRD.

CCI (ICC) : Acronyme pour Chambre de Commerce Internationale. La CCI publie des Dispute Board Rules (Règles de Comités de Règlement des Différends) et des modèles de clauses contractuelles standards pour les CRD.

CDB : Abréviation pour Combined Dispute Board utilisée dans le cadre des règles de la CCI.

Clause de Résolution des Différends (RD) : Une disposition du contrat de réalisation du projet qui établit un processus global de de résolution des différends, ainsi que le rôle et les fonctions du CRD au sein de la structure de gouvernance du projet.

Comité de Règlement des Différends Ad hoc : Un CRD qui est constitué uniquement pour résoudre un Différend qui lui ait soumis pour Décision. Ce modèle de CRD a généralement un rôle réduit et une période de mise en œuvre limitée.

Communication Unilatérale (Ex parte) : Une communication (écrite ou orale) entre un Membre du CRD et l'une des Parties, à l'insu ou sans la présence de l'autre Partie.

Conception-Construction (D&B) : Un modèle forme de contrat où le maitre de l'ouvrage contracte avec une seule entité pour effectuer à la fois les travaux de conception et de construction d'un projet. Dans certains pays, cette forme de contrat est appelée «Design-Build» ou «DB» (à ne pas confondre avec l'abréviation de «Dispute Board»).

Conclusions du CRD : *voir* ***Décision du CRD***

Conditions du CRD : Les conditions du CRD définissent généralement le processus complet du CRD, y compris la mise en place du CRD, la sélection et la nomination des Membres du CRD et les responsabilités des Membres du CRD dans leurs rôles de prévention et de règlement des Différends.

CRD : L'abréviation commune utilisée dans ce manuel pour les Comités de Règlement de Différends de tous types.

DAAB : Abréviation pour Dispute Avoidance and Adjudication Board (Comité de Prévention et de Règlement des Différends) utilisée dans les modèles de contrat FIDIC.

DAB : Abréviation pour Dispute Adjudication Board ou a Dispute Avoidance Board.

Décision du CRD : Les conclusions du CRD à la suite d'un Avis de Saisine du CRD pour un Différend. Une décision du CRD est contraignante (ou provisoirement contraignante) pour les Parties, contrairement à une Recommandation du CRD ou à un Avis Consultatif. Une décision du CRD doit être publiée par écrit et exposer l'analyse et le raisonnement du CRD à l'appui de ses conclusions sur le Différend.

Déclaration de Révélation : Déclaration soumise par un Candidat au CRD révélant tout conflit d'intérêts connu ou potentiel ou toute autre circonstance pertinente. La déclaration permet aux parties de déterminer si le Candidat au CRD satisfait aux principes d'indépendance et d'impartialité nécessaires.

Demande de qualifications (RFQ) : Une demande de qualification pour les Candidats au CRD, dans laquelle les personnes intéressées par une nomination au CRD pour un projet sont invitées à soumettre une déclaration d'intérêt et sur leurs capacités à exercer les fonctions du CRD.

Différend : Un Litige entre les Parties qui n'a pas pu être été évité ou résolu à l'amiable et qui est formellement renvoyé au CRD pour une Décision du CRD ou une Recommandation du CRD. Voir également Avis de Saisine. À noter que dans la gestion de nombreux contrats, le terme général «conflit» est fréquemment utilisé par les parties contractantes pour décrire tout désaccord ou divergence entre elles.

DRA : Abréviation pour Dispute Resolution Advisor (Conseil en Règlement des Différends)

DRB : Abréviation pour Dispute Review Board ou Dispute Resolution Board.

Entrepreneur : La partie (ou plusieurs parties si sous forme de groupement) qui a conclu un contrat avec le Maître de l'ouvrage pour exécuter des travaux ou des prestations spécifiques tels que définis dans le contrat de réalisation du projet.

EPC : Abréviation pour les modèles de contrat d' «Engineering, Procurement and Construction».

Exposé du Différent : Un exposé concis du sujet en litige qui a été soumis au CRD pour Décision ou Recommandation, comme convenu d'un commun accord par les Parties.

Exposé des Positions : Documents préparés par chaque Partie pour soumission au CRD. Les mémoires visent à résumer de manière concise la position de chaque Partie, à expliquer les faits pertinents et à fournir une justification contractuelle de la position de chaque Partie.

Facilitation : Un processus informel dans lequel le CRD aide les Parties à résoudre à l'amiable un litige entre elles en facilitant la discussion, l'évaluation des positions et / ou l'émission d'un Avis Consultatif.

FIDIC : Acronyme pour Fédération Internationale des Ingénieurs- Conseils, qui est traduit en anglais par «International Federation of Consulting Engineers».

IFI : Acronyme pour Instituions Internationales de Financement (International Financing Institution) qui fait référence à des organisations telles que les banques de développement et les agences de financement. Les IFI ont souvent une exigence obligatoire pour l'introduction d'un CRD dans les projets qu'ils financent.

Ingénieur : Ce terme est utilisé dans les modèles de contrat FIDIC. L'ingénieur est généralement le représentant du Maitre de l'Ouvrage, sauf lorsque celui-ci est tenu de prendre une décision indépendante sur une question litigieuse.

Litige/Probléme : Un désaccord non résolu ou une divergence d'opinions entre les Parties, résultant souvent d'une réclamation pour un délai supplémentaire, pour une demande de montant supplémentaire, de travail défectueux ou de toute autre réparation d'un dommage par une Partie. Un litige est un préalable nécessaire pour qu'un sujet devienne un Différend.

Maître de l'Ouvrage : L'entité qui a conclu un contrat pour la réalisation du Projet avec l'Entrepreneur.

MDB : Abréviation pour Banque Multilatérale de Développement (Multilateral Development Bank), telle que la Banque Mondiale. Voir également **IFI.**

Membre du Comité : *Voir* **Membre du CRD.**

Membre du CRD : Un membre officiellement nommé en tant que membre du CRD, après qu'il / elle a été nommé-e et accepté-e par les Parties et a signé l'Accord de CRD.

Partie : Une partie au contrat de réalisation du projet – généralement, soit le Maitre de l'Ouvrage, soit l'Entrepreneur.

Parties : Les parties au contrat de réalisation du projet – généralement, le Maitre de l'Ouvrage et l'Entrepreneur.

Partie Prenante : Une partie prenante est une partie ayant un intérêt financier ou autre dans un projet, mais qui n'est pas partie au contrat entre le Maitre de l'Ouvrage et l'Entrepreneur.

Partenariat : Un concept de gestion de projet dans lequel le Maitre de l'Ouvrage, le concepteur et l'Entrepreneur se rencontrent régulièrement pendant la durée du projet pour améliorer la communication, renforcer le travail d'équipe et prévenir les Litiges.

Partenariat Public-Privé (PPP ou P3): Un modèle de réalisation d'un projet pour les projets d'infrastructures publiques. Ces types de projets sont financés en tout ou en partie par des entités privées. Ces modèles de contrat sont entre une entité publique et un partenaire privé, qui peut être une société privée ou un groupement de sociétés privées.

Première Réunion du CRD : La première réunion entre le CRD et les Parties a pour objet de fournir des informations sur le projet et les spécificités de celui-ci, d'expliquer le rôle du CRD et de convenir des procédures de fonctionnement du CRD (si elles ne sont pas déjà prévues) et des procédures administratives applicables au CRD.

Président : Le membre du CRD qui gère et coordonne les activités du CRD, préside les réunions du CRD et sert d'interface principal entre les Parties et le CRD.

Procédures de Fonctionnement du CRD : Procédures que les Membres du CRD et les Parties ont convenu de suivre pendant toute la durée du projet. Les procédures de fonctionnement du CRD comprennent souvent les modalités d'organisation des réunions, les protocoles de communication, les techniques de prévention des différends, des exigences relatives à la conduite d'une audience du CRD et les modalités de prise de décision du CRD. Les procédures de fonctionnement du CRD sont généralement indiquées dans les Conditions Générales du CRD ou dans l'Accord de CRD.

Procédure Equitable : Obligation de donner à chacune des Parties une possibilité effective d'être entendue, de présenter effectivement sa position respective et de répondre de manière adéquate à tout litige ou différend qui pourrait surgir entre elles.

Quantum : Un montant réclamé par une Partie à l'autre Partie, conformément aux dispositions applicables du contrat de réalisation du projet.

Rapport du CRD : Le rapport du CRD est le document émis par le CRD qui fournit l'Avis Consultatif, la Décision du CRD ou la Recommandation du CRD, selon le cas.

Recommandation du CRD : *Voir **Décision***. Une recommandation du CRD est pratiquement identique à une Décision du CRD, sauf qu'elle n'est pas contraignante pour les Parties. Dans certains cas, une recommandation du CRD peut devenir une Décision du CRD contraignante si aucun avis de désaccord n'est transmis dans un délai donné.

Représentant du Maitre de l'Ouvrage : *Voir **Ingénieur*** : Dans de nombreux contrats, le représentant du Maitre de l'Ouvrage est uniquement un mandataire et n'a généralement pas de pouvoir de décision indépendant.

Réunion du CRD : Réunion régulière entre le CRD et les Parties pour passer en revue l'état et l'avancement des travaux et pour aborder les Litiges qui sont survenus entre les Parties. Une Visite du Site est souvent organisée en parallèle avec les réunions du CRD.

Special Purpose Vehicle (SPV) – Entité *ad hoc* : Terme utilisé dans les projets PPP pour décrire l'entité juridique créée spécifiquement pour la réalisation du projet. La SPV conclut des contrats séparés avec l'autorité publique et avec l'Entrepreneur en conception-construction.

Visite de site : Un des éléments de la Réunion du CRD au cours de laquelle les membres du CRD peuvent visiter et observer l'avancement des travaux sur le site du projet, accompagnés des représentants du Maitre de l'ouvrage et de l'Entrepreneur.

www.ingramcontent.com/pod-product-compliance
Lightning Source LLC
Chambersburg PA
CBHW040927210326
41597CB00030B/5202